Beiträge zur Lehre von den Realgewerbegerechtigkeiten nach bayerischem Landeszivilrecht.

Von

Dr. Fritz Neuburger,

Rechtsanwalt in München.

1913.

München, Berlin und Leipzig.

J. Schweitzer Verlag (Arthur Sellier).

Beiträge zur Lehre von den Realgewerbegerechtigkeiten nach bayerischem Landeszivilrecht.

Von

Dr. Fritz Neuburger,
Rechtsanwalt in München.

1913.
München, Berlin und Leipzig.
J. Schweitzer Verlag (Arthur Sellier).

Druck: Dr. F. P. Datterer & Cie. (Inh. Arthur Sellier), München und Freising.

Inhalts-Verzeichnis.

I. Teil: Geschichtliche Darstellung und Entwicklung der Realgewerbegerechtigkeiten vom Zeitpunkt ihrer Entstehung an bis zur Gegenwart.

II. Teil: Die rechtliche Natur der realen und radizierten Gewerbegerechtigkeiten nach geltendem Recht.

Quellen- und Literatur-Verzeichnis.

I.

1. Codex Maximilianeus Bavaricus civilis.
2. Verordnung vom 2. Dezember 1803 und 1. Dezember 1804.
3. Gesetz vom 11. September 1825, betr. die Grundbestimmungen für das Gewerbewesen.
4. Vollzugsverordnung vom 28. Dezember 1825 zum Gewerbegesetz von 1825.
5. Verordnung vom 1. Juli 1834.
6. Normativentschließungen zu einzelnen Artikeln des Gewerbegesetzes vom 23. Juli 1834.
7. Vollzugsverordnung vom 17. Dezember 1853 und 21. April 1862.
8. Bayerisches Gesetz über das Gewerbewesen vom 30. Januar 1868.
9. Gewerbeordnung für das Deutsche Reich vom 21. Juni 1869, Reichsgesetz seit dem 26. April 1871.
10. Archiv für die zivilistische Praxis, herausgegebeu von Franke usw.
11. Bayerisches Gesetz- und Verordnungsblatt.
12. Blätter für administrative Praxis &c., ursprünglich herausgegeben von R. Brater.
13. Blätter für Rechtsanwendung, zunächst in Bayern, gegr. von Johann Adam Seuffert und Christian Karl Glück, nun herausgegeben von Dr. Julius v. Staudinger.
14. Iherings Jahrbücher für die Dogmatik des bürgerlichen Rechts.
15. Die fragmentarischen zivilrechtlichen Gesetze des Königreichs Bayern diesseits des Rheins; zusammengestellt von Albert Vierling, 2. Auflage, München 1892.
16. Döllinger, Verordnungssammlung.
17. Entscheidungen des Reichsgerichts in Zivilsachen.
18. Neue Gesetz- und Verordnungen-Sammlung für das Königreich Bayern mit Einschluß der Reichsgesetzgebung von Karl Weber, Rat des k. Verwaltungsgerichtshofes.
19. Oppenhoff, Rechtssprechung des Königl. Preuß. Obertribunals in Strafsachen, Berlin.
20. Sammlung der Entscheidungen des Obersten Landesgerichtes für Bayern in Gegenständen des Zivilrechtes und Zivilprozesses.
21. Sammlung von Entscheidungen des k. bayerischen Verwaltungsgerichtshofes.
22. Seufferts Archiv für Entscheidungen der Obersten Gerichte in den deutschen Staaten.

II.

1. Becher, Heinrich, Das rechtsrheinisch-bayerische Landeszivilrecht und Landeszivilprozeßrecht, München 1896.
2. Biermann, Das Sachenrecht, 2. Auflage, Berlin 1903.
3. Cosack, Lehrbuch des Deutschen bürgerlichen Rechts, Jena 1913.

4. Dernburg, Das bürgerliche Recht des deutschen Reichs und Preußens, Halle 1908.
5. Duncker, Die Lehre von den Reallasten 1837.
6. Eck, Vortrag über den allgemeinen Teil des Entwurfs von 1896; Vorträge über das Recht des BGB. 1898.
7. Endemann, Lehrbuch des bürgerlichen Rechts, 8. u. 9. Aufl., Berlin 1905.
8. Friedlieb, Die Rechtstheorie der Reallasten 1861.
9. Fuchs, Grundbuchrecht, Berlin 1900.
10. Fuchs, Das Wesen der Dinglichkeit, Berlin 1889.
11. Gengler, Das gemeine deutsche Privatrecht in seinen Grundzügen.
12. Gengler, Lehrbuch des deutschen Privatrechts.
13. Gerber, System des deutschen Privatrechts.
14. Gierke, Bedeutung des Fahrnisbesitzes.
15. Gönner, Kommentar über das Hypothekengesetz.
16. Gönner, Ueber Veräußerungen und Verpfändungen der Gewerbe, im Jahrbuch der Gütergemeinschaft Bd. III.
17. Henle-Schneider, Kommentar zum Ausführungs- und zum Uebergangsgesetz, München 1900.
18. Henle-Schneider, Die bayerischen Ausführungsgesetze zum BGB., München 1909.
19. Heimbach, Zwangs- und Bannrechte.
20. Hillebrand, Lehrbuch des gemeinen deutschen Privatrechts.
21. Iherings Jahrbücher für die Dogmatik des bürgerlichen Rechts Bd. 38 (Strohal).
22. Jungermann, Handbuch des bayerischen Hypotheken- und Prioritätsrechtes, München 1857, Nachtrag vom Jahre 1863.
23. Hirth, Das Gewerbepolizeirecht des Deutschen Reichs, in den Annalen des Deutschen Reichs 1881.
24. Kleinschrod, Beiträge zu einer deutschen Gewerbeordnung, Augsburg 1840.
25. Krüll, Die Vorzüge der Realgewerbsgerechtigkeiten, Landshut 1815.
26. v. Kreittmayr, Anmerkungen über den Codex Maximilianeus Bavaricus civilis, München 1768.
27. v. Landmann, Kommentar zur Reichsgewerbeordnung, 2. Aufl. 1895.
28. v. Landmann, Die Gewerbeordnung für das Deutsche Reich, München 1897.
29. Lotz, Beiträge zur Lehre von den dinglichen Gewerberechten in BlfRA. Bd. XIII, 145.
30. Luthardt, Ueber Gerichtsverfassung, Verwaltungsreform und Behandlung der Realrechte, Nördlingen 1860.
31. Maurenbrecher, Lehrbuch des gesamten heutigen gemeinen deutschen Privatrechts.
32. Mittermair, Grundsätze des gemeinen deutschen Privatrechts.
33. Neumann, Handausgabe des Bürgerlichen Gesetzbuches für das Deutsche Reich, III. Bd., Berlin 1909.
34. Oertmann, Bayerisches Landesprivatrecht, Halle 1903.
35. Planck, Bürgerliches Gesetzbuch nebst Einführungsgesetz 1902.
36. Predari, Die Grundbuchordnung 1900.
37. Regelsberger, Das bayerische Hypothekenrecht, Leipzig 1877, 3. Aufl. 1896.
38. Rehm, Die rechtliche Natur der Gewerbs-Konzession 1889.
39. Renaud, Beiträge zur Theorie der Reallasten 1846.
40. Reyscher, Die Realgewerberechte, in der Zeitschrift für deutsches Recht Bd. V.
41. Reyscher, Württembergisches Privatrecht.
42. Paul Roth, Bayrisches Zivilrecht, Tübingen 1872/75.
43. Paul von Roth, Bayerisches Zivilrecht II₂, Tübingen 1898.
44. Schlichthörle, Beiträge zur Lehre von den Befugnissen der Gewerbsinhaber, in den BlfRA., VIII, 97.
45. Schlichthörle, Die Gewerbebefugnisse in der K. Haupt- und Residenzstadt München, Erlangen 1844/45.
46. Schlichthörle, Zur Lehre von den radizierten Gewerberechten, in den BlfRA., IX, 193.

47. Schmid, Ueber dingliche Gewerberechte, im ArchZivPr. Bd. 44.
48. Schuer, Lehrbuch des bayerischen Hypothekenrechts, Sulzbach 1840.
49. Sehling, Die Rechtsverhältnisse an den der Verfügung des Grundeigentümers nicht entzogenen Mineralien mit besonderer Berücksichtigung des Kohlenbergbaus in den vormals sächsischen Landesteilen Preußens, des Eisenerzbergbaus im Herzogtum Schlesien u. a., sowie des Kalibergbaus in der Provinz Hannover, Leipzig 1904.
50. Seuffert, Studien zur Lehre von den Realgewerben, in den BlfRA. Bd. V, 1 und 184 ff.
51. v. Seydel, Bayerisches Staatsrecht Bd. V.
52. Spengel, Die Gewerbspolizei in Bayern in ihrem Verhältnis zu Zivilrecht und Zivilprozeß, München 1845.
53. Stobbe, Handbuch des deutschen Privatrechts, Berlin 1893.
54. Unger, System des österreichischen Privatrechts.
55. Wächter, Württembergisches Privatrecht.
56. Wagner Josef, Handbuch des amtsgerichtlichen Verfahrens in der freiwilligen Rechtspflege für das Königreich Bayern rechts vom Rhein 2. Aufl. 1895.
57. Walter, System des gemeinen deutschen Privatrechts.
58. Wassermann, Das Erlöschen der Realrechte in Bayern durch Nichtgebrauch.

I. Teil.

Geschichtliche Darstellung und Entwicklung der Realgewerbegerechtigkeiten vom Zeitpunkt ihrer Entstehung an bis zur Gegenwart.

Erstes Kapitel.

Die Zeit bis zur ersten gesetzlichen Normierung der Realgewerbegerechtigkeiten.

Bald nachdem sich in den ältesten Städten infolge der einsetzenden Arbeitsteilung ein gewerbetreibender Bürgerstand entwickelte, taten sich die diesem Angehörenden räumlich in bestimmten Gassen und zum Schutz ihres Gewerbes und dessen Ausübender in Innungen zusammen. In dieser Zeit tauchen zum ersten Male die Begriffe der Erlaubnis und und Befugnis zum Betriebe eines Gewerbes auf. Und zwar treten die Gewerbegerechtigkeiten in drei zeitlich aufeinanderfolgenden Formen in Erscheinung, als Zwangs- und Bannrechte, ausschließliche und gewöhnliche Gewerbegerechtigkeiten.[1]) Im Beginn der Entwicklung steht das Recht, welches die Zunft mit Zwang und Bann verleiht, das heißt die Zunft nahm eine für alle Zunftgenossen bindende Kontingentierung an, setzte dafür aber auch durch, daß sich innerhalb der ganzen Rechtsgemeinschaft jeder Konsument an die Kontingentierung zu halten hatte, zuweilen sogar mit der Maßgabe, daß die Konsumenten zur Abnahme bestimmter Mengen verpflichtet waren. Diesem Rechtszustand entsprach erstens ein Recht auf den eigenen Gewerbebetrieb, zweitens ein gegen jedermann gerichtetes Verbietungsrecht (jus prohibendi)[2]) gegen diejenigen, die unbefugt ein Gewerbe ausüben wollten und endlich drittens das Recht, das Publikum zu zwingen, bei den gemäß der Kontingentierung zuständigen Gewerbetreibenden zu kaufen, wozu noch beim Vorliegen einer

---

[1]) Die ausschließlichen Gewerbegerechtigkeiten behaupteten sich neben den gewöhnlichen bis zum Jahre 1873, s. GewO. für das Deutsche Reich vom 21. Juni 1869, RGes. vom 26. April 1871 an, § 7. Die Zwangs- und Bannrechte waren in Bayern schon lange vorher durch Prohibitivgesetz und zwar durch Edikt vom 28. Juli 1807 § 29 aufgehoben worden; s. BlfRA. XVIII S. 145 ff.

[2]) Inhalt war nach früherem bayerischen Recht die Befugnis zum Gewerbebetrieb mit zivilrechtlich wirksamem Verbietungsrecht gegen alle, welche nicht eine gleiche Berechtigung nachweisen konnten; BlfRA. III, 205; V, 8; Mittermair a. a. O. § 523, 6. Dieses Verbietungsrecht wurde bereits mit Gesetz vom 30. Januar 1868 beseitigt, was dann die RGewO. allgemein bestätigte; § 7 RGewO.

entsprechenden Verpflichtung das Recht auf eine satzungsgemäße Minimalabnahme kam.[3]) Diese Gewerbegerechtigkeiten, welche also mit denkbar stärkstem absolutem Rechtsschutz ausgerüstet waren, hießen Zwangs- oder Bannrechte.

Ihnen gegenüber weisen die ausschließlichen Gewerbegerechtigkeiten ein minus auf und zwar insofern, als dieselben nicht das Recht verleihen, einen bestimmten Kundenkreis zum Kauf ausschließlich bei den zuständigen Gewerberechtsinhabern zu zwingen.[4]) Dagegen bleibt das Recht zum eigenen Gewerbebetrieb und das Recht, anderen die Ausübung des Gewerbes zu verbieten.

Die gewöhnlichen Gewerbegerechtigkeiten entbehren schließlich auch noch des letzteren Moments und gewähren lediglich das Recht zum eigenen Gewerbebetrieb. Sie allein sollen den Gegenstand der folgenden Ausführungen bilden.

Alle diese drei aufgezählten Arten von Gerechtigkeiten waren aber ursprünglich im höchsten Grade persönlicher Natur: sie gingen, gleichgültig, ob infolge Todesfalls oder aus einem anderen Grund[5]) ihr Inhaber wegfiel, stets wieder zu der Quelle zurück, aus der heraus sie verliehen wurden. Das alte deutsche Rechtssprichwort: „Kunst erbt nicht" hat sich bis in die zweite Hälfte des 18. Jahrhunderts erhalten.[6])

Neben diesen rein persönlichen Rechten wurden aber auch schon die sogenannten Realgewerbegerechtigkeiten erwähnt, bei denen die Möglichkeit eines Wiederauflebens betont wurde.[7]) Es bestand somit schon früh ein Unterschied zwischen Personal- und Realgewerbegerechtigkeiten, wobei unter den letzteren allerdings nur die nachmalig als radiziert bezeichneten Gewerbegerechtigkeiten verstanden wurden, ursprünglich auch noch in der Beschränkung auf Brauerei- und Bäckerstätten.

Für die Gewerbegerechtigkeiten im allgemeinen bestand die Möglichkeit einer eigenartigen Zession des Rechts mit obrigkeitlicher Erlaubnis, also nicht etwa als Ausfluß der zivilrechtlichen Verfügungsbefugnis über die Gerechtigkeit. Eine merkwürdige Nebenerscheinung war dabei, daß

---

[3]) Cod. Max. Bav civ. Teil V Kap. 27 §§ 18 ff.: „Eine der beträchtlichsten Gerechtsame, ohne welchen die Zunft nicht einmal in ihrer Wesenheit recht bestehen könnte, ist das jus prohibendi, kraft dessen ob verstandenermaßen jedes membrum in particulari, sondern auch die Zunft in corpore allen Extraneis, so nicht dahin eingezünftet sind, in den zu ihrer Zunft gehörigen Sachen die Arbeit und das Gewerbe dem derselben angewiesenen Stadt-, Markt- oder anderen Bezirk verbieten und niederlegen lassen kann."

[4]) Oertmann a. a. O. § 115.

[5]) Z. B. Verlegung des Domizils, Suspension, Renunziation und Ausstoßung aus der Zunft usw.

[6]) Cod. Max. Bav. civ. Teil V Kap. 27 § 21: „Die Handwerksgerechtigkeit ..... gehet ebenfalls durch den Tod, die Renunziation und mehrere andere Modos verloren." Daraus erhellt, daß nach dem Gesetz jener Zeit das Gewerberecht ein durchaus persönliches ist.

[7]) Cod. Max. Bav. civ. Teil V Kap. 27 § 21: „Realgerechtigkeiten, welche auf den Häusern haften, z. B. Bräu- und Bäckerstätte, gehen zwar mit den Häusern selbst zugrunde, reviviszieren aber per Readeficationen wiederum, oder werden auch mit landesherrlicher Bewilligung leicht an einen anderen Ort transferiert."

der bisherige Inhaber durch die Zession nicht etwa sein Recht verlor, er durfte nur keine Gesellen und Jungen mehr halten. — Je öfter solche Gewerberechtsübertragungen stattfanden, um so mehr hörten die Gerechtigkeiten auf, aus Gründen persönlicher Natur zu erlöschen, vielmehr setzte sich die Idee durch, daß die Gewerbegerechtigkeiten vererblich und übertragbar, nicht „personal", sondern „real" seien.

Diese Idee der Realität der Gewerbegerechtigkeiten in den Kreisen der Gewerbetreibenden stand aber im Widerspruch zur Auffassung der Gewerbepolizeibehörde, die an dem Personalitätsprinzip festhielt. Dieser Meinungsverschiedenheit entsprang z. B. in München der sogenannte Ratsentschluß oder Bürgervergleich aus dem Jahre 1770, in welchem u. a. die Vererblichkeit in der geraden und der Seitenlinie bis zum zweiten Grad statuiert wurde, jedoch nur an ein „Handwerch- oder Zunfttüchtiges Subjectum jedoch mit Stadtmagistrats-Consens". Schlichthörle nennt diesen Beschluß „das eigentümliche Dokument der Entstehung der realen Gerechtsamen".[8]) Eigentümlich deshalb, weil die zur Erlangung der Gesetzeskraft erforderliche kurfürstliche Bestätigung dem Bürgervergleich versagt blieb.

Ungeachtet dieses Ratsentschlusses, der doch grundsätzlich am Personalitätsprinzip festhielt, ungeachtet auch der im gleichen Sinn späterhin gegebenen Erlasse[9]) der kurfürstlichen Regierung näherten sich die Formen des Erwerbs einer Gewerbegerechtigkeit immer mehr denen des Eigentumerwerbs. Allerdings war, wie Schlichthörle bemerkt, bei Veräußerungen nicht der Ausdruck „Verkauf" gang und gäbe, sondern das Wort „Cession".[10]) Allein durch das nachfolgende unwidersprochene Herkommen fanden Käufe und Verkäufe von Gewerbegerechtigkeiten statt, Vererbung- und Veräußerungsmöglichkeit wurden allgemein und der Erwerb eines Gewerberechts erfolgte durch privatrechtliche Titel.

Die Gewerbepolizeibehörde konnte schließlich, wenn sie der sich immer weiter ausbildenden realen Eigenschaft der Gewerbegerechtigkeiten ein Ende machen wollte, über diesen Rechtszustand nicht hinweg, ohne ein Eigentumsrecht des Gewerberechtsinhabers zu verletzen. Es ergab sich daher die Notwendigkeit gesetzlichen Einschreitens.[11])

Da eine Vermögensentschädigung der Gewerberechtsinhaber aus finanziellen Gründen nicht durchführbar war, wurden durch die Ver-

---

[8]) Schlichthörle, Die Gewerbebefugnisse der Stadt München Bd. I S. L.

[9]) Mandat vom 25. Juni 1771 und vom 20. März 1783.

[10]) Schlichthörle a. o. a. O. S. LIII: „Bei Veräußerungen fand nicht der Ausdruck „Verkauf" sondern „Cession" Anwendung. — Von gerichtlichen Kaufbriefen war keine Rede, auch konnten Gewerbegerechtsamen weder verpfändet noch in eine Gant- oder Verlassenschaftsmasse gezogen werden."

[11]) Verordnung vom 2. Dezember 1803 und vom 1. Dezember 1804, s. RegBl. von 1805 S. 43 ff. Die wichtigsten Stellen der Verordnung von 1804 lauten: „Nachdem sich aber doch an verschiedenen Orten gegen diese gesetzliche Verfassung (gemeint ist die Personalität der Gewerbe) . . . . . eine Vererbung und bedingte Veräußerlichkeit einzelner bürgerlicher Gewerbe teils auf dem Wege des Herkommens, teils durch einseitige von der Landesherrschaft nicht bestätigte Vereine eingedrungen hat, so haben Wir Uns um den höchst nachteiligen Folgen

ordnung vom 1. Dezember 1804 die bisherigen wohlerworbenen Realgewerbegerechtigkeiten gesetzlich als solche anerkannt, für die Zukunft aber das Personalitätsprinzip wieder hergestellt. Hinsichtlich der realen Gewerbegerechtigkeiten, nicht der radizierten, wurde eine Neubegründung für die Zukunft ausgeschlossen.[12]) Eine Zession oder Veräußerung sollte nur noch mit vorgängiger Bewilligung der Obrigkeit zulässig sein. Die Bewilligung sollte außerdem nur dann erteilt werden, wenn die Gerechtigkeit schon vorher titulo oneroso als im Wege entgeltlicher Veräußerung erworben war.

Diese Verordnung gelangte aber nicht in ganz Bayern zur Geltung, sondern nur in den Landesteilen Bayern, Neuburg und obere Pfalz. Für die übrigen Teile, nämlich die kurpfalzbayerischen Fürstentümer in Franken, Bamberg und Würzburg erhielt sie erst durch die Eröffnung im „Intelligenzblatt für den Mainkreis" vom 10. Januar 1812 verbindliche Kraft. Bis zu diesem Zeitpunkt regelten sich die dortigen Verhältnisse nach den Vorschriften der Verordnung vom 2. Dezember 1803, nach welchen übrigens u. a. auch den seither üblichen Gewerbeübergaben und Veräußerungen ein Ende gemacht war.

Auf diese Weise wurden nunmehr die durch Gebrauch und Herkommen entstandenen realen Gewerbegerechtigkeiten vom Gesetz ausdrücklich legitimiert und zwar in zweifacher Erscheinungsform: als radizierte und einfache reale. Was die Verordnung unter den „radizierten" Gewerbegerechtigkeiten versteht, ist aber gar nicht weiter auseinandergesetzt. Der Begriff wird also als bekannt vorausgesetzt und kann nur aus der voraufgegangenen Entwicklung gefunden werden; es kann dies nur der Begriff der „realen" Rechte des bayerischen Landrechts sein, von denen

---

wenigstens für die Zukunft Schranken zu setzen, genötigt gesehen ..... Vorsehung zu treffen:

1. Es soll keine Cession oder Veräußerlichkeit einer solchen (vermutliche „Realität" besitzenden) Handwerksgerechtigkeit anders, als mit vorgängiger Bewilligung der ordentlichen Obrigkeit .... gestattet werden.

4. Die Cession eines solchen für real anerkannten, und titulo oneroso erlangten Gewerbes soll niemals um einen höheren Preis gestattet werden, als um welchen es von dem letzten Besitzer erweislichermaßen ... erworben wurde, oder wofür dasselbe verpfändet gewesen war ....

7. Keiner Obrigkeit ist erlaubt, künftig eine Handwerksgerechtigkeit real zu machen oder die Veräußerung einer Gerechtigkeit zu gestatten, welche nicht schon zuvor titulo oneroso erlangt worden wäre.

9. Es soll künftig keine Gewerbegerechtigkeit in eine Konkursmasse, oder in eine Verlassenschaftsmasse gezogen oder als Pfand unterstellt ..... werden.

17. Als radicierte Gewerbe sollen nur diejenigen verliehen werden können, deren Ausübung mit besonders eingerichteten Häusern und Gebäuden verbunden sein muß, nämlich Brauereien und Mühlen.

18. Es soll ..... getrachtet werden, die Natur der Gewerbe und Handwerke, soviel es ohne Verletzung allenfalls bestehender Privatrechte geschehen kann, auf den ersten Zustand ihrer Unveräußerlichkeit zurückzuführen.

20. In allen Städten und Märkten ..... sollen Kataster hergestellt werden.

[12]) VO. vom 1. Dezember 1804 Nr. 7; s. auch Roth a. a. O. 1898 S. 299.

schon oben die Rede war.[13]) Aus der Bezeichnung eines Teils der Realrechte als „radizierte“ folgt aber weiter, daß es auch „nichtradizierte“ gab und damit war der Begriff der einfachen realen Gewerberechte, der Realgewerbegerechtigkeiten im engeren Sinn, geschaffen.

Es ergibt sich also folgender Entwicklungsgang:

a) ursprünglich wurden als reale Gewerbegerechtigkeiten diejenigen bezeichnet, die auf Häusern hafteten, z. B. die Brauerei- und Bäckerstätten.[14]) Diese waren real, alle anderen personal. Sie durften auch mit landesherrlicher Bewilligung an einen anderen Ort transferiert werden, aber nur innerhalb der Gemeinde, in welcher das ursprüngliche Grundstück des Gewerberechtsinhabers belegen war.

b) Die Bezeichnung dieser Gerechtigkeiten als reale genügte aber im Laufe der Zeit nicht mehr, da auch andere, an sich persönliche Gerechtigkeiten durch Gebrauch und Herkommen[15]) ihren rein persönlichen Charakter verloren und in der oben geschilderten Weise eine reale Färbung angenommen hatten. Diese wurden im Gegensatz zu den rein persönlich gebliebenen gleichfalls reale Gewerbegerechtigkeiten genannt. Zu ihrer Unterscheidung von den ursprünglichen, aus einem ganz anderen Grund realen Gerechtigkeiten wurde für die letzteren der Ausdruck „radizierte“ Gerechtigkeiten geschaffen.

Diese drei nebeneinanderstehenden Begriffe, persönliche, reale und radizierte Gerechtigkeiten waren offenbar zu der Zeit, als die Verordnung vom Jahre 1804 erlassen wurde, bereits allgemein üblich. Denn gerade für die radizierten Realgewerbegerechtigkeiten wurde in der erwähnten Verordnung eine einschneidende Bestimmung getroffen: Nach Art. 17 der Verordnung vom Jahre 1804 sollten nämlich fortan als radizierte nur diejenigen Gewerbegerechtigkeiten verliehen werden können, deren Ausübung . . . . . . mit Häusern verbunden war, nämlich Brauereien und Mühlen.[16]) Das entspricht aber der allgemeinen Tendenz der Verordnung von 1804 auf Zurückführung der Gewerberechte zum Personalitätsprinzip und möglichste Beschränkung der realen Gewerbegerechtigkeiten. Die Verordnung von 1804 fußte demnach bereits auf der bis heute noch bestehenden Scheidung der realen Gewerbegerechtigkeiten in einfache reale und radizierte. Neben die rein persönlichen Gewerbegerechtigkeiten sind also als nicht persönliche noch zwei wesensverschiedene Arten zu gruppieren, nämlich die realen und die radizierten Realgewerbegerechtigkeiten.[17])

---

[13]) S. oben S. 2.

[14]) S. oben S. 2.

[15]) S. oben S. 3, 4.

[16]) Roth a. a. O. 1898 S. 299; Art. 17 der VO. vom 1. Dezember 1804.

[17]) S. auch Schlichthörle a. o. a. O.: Unter den Realgerechtigkeiten seien zu unterscheiden:

„a) solche, welche wegen der zu ihrer Ausübung erforderlichen besonderen Einrichtung von Häusern und Gebäuden auf diesen hafteten und früher allein unter der Benennung „Realgerechtigkeiten“ verstanden waren,

Diese beiden Arten von Realgewerbegerechtigkeiten haben in der folgenden Zeit zum Teil eine gemeinsame gesetzliche Regelung erfahren. Im einzelnen findet sich aber auch eine gesonderte gesetzliche Behandlung, die in der Wesensverschiedenheit beider Arten ihren Grund hat. Bereits oben[18]) erwähnten wir, daß durch Nr. 17 der VO. vom 1. Dezember 1804 eine Neubegründung der einfachen realen Gewerbegerechtigkeiten für die Zukunft ausgeschlossen wurde.

Eine eingehendere Darstellung der Entstehungsgeschichte der Realgewerbegerechtigkeiten wurde für nötig erachtet, um dadurch ihre Verschiedenheit im Wesen deutlich hervortreten zu lassen.

Zweites Kapitel.

Die Realgewerbegerechtigkeiten in der Gesetzgebung bis zum Jahre 1868.

Der durch die Verordnung vom Jahre 1804 geschaffene Rechtszustand bezüglich der realen Gewerbegerechtigkeiten, worunter nunmehr im folgenden reale im engeren Sinn und radizierte zu verstehen sind, verblieb im großen und ganzen bis zum Jahre 1825. Die in dieser Zeit ergangenen Erlasse und Erkenntnisse lassen dies ersehen. Mit dem Jahre 1825 setzte aber in der bayerischen Gesetzgebung der große Umschwung von der Unfreiheit des Gewerbebetriebes zur Gewerbefreiheit ein. Allerdings nicht gleich zur vollen Gewerbefreiheit; denn das hier in Betracht kommende Gesetz vom 11. September betreffend die Grundbestimmungen für das Gewerbewesen brachte erst noch eine Zwischenstufe: das Konzessions-System.

In Art. 4 unterzieht sich dieses Gesetz der Aufgabe, sich mit wohlerworbenen realen und radizierten Realgewerbegerechtigkeiten auseinanderzusetzen. Während prinzipiell bei allen Gewerben ohne Unterschied die Erteilung der Konzession Grundbedingung zur Ausübung bildete, wurde hinsichtlich der sogenannten realen und radizierten Realgewerbegerechtigkeiten, soweit sie diese Eigenschaft schon besaßen, insofern eine Ausnahme gemacht, als über dieselben wie über jedes andere Privateigentum nach Maßgabe der bürgerlichen Gesetze verfügt werden konnte. Rechtsmäßigen Erwerbern realer Gewerberechte durfte bei vorhandener persönlicher Fähigkeit die zur Ausübung des Gewerbes erforderliche Konzession niemals verweigert werden. Inhaber radizierter Realgewerbegerechtigkeiten hatten nicht einmal nötig, die persönliche Fähigkeit zur Ausübung des Gewerbes nachzuweisen, sie konnten den Gewerbebetrieb durch einen befähigten Werkführer ausüben lassen. Die Tafernen schließlich, sowie

---

welche man aber jetzt zum Unterschiede „radicierte Gerechtsamen" nannte, weil ihre reale Eigenschaft auf den Häusern haftete, in denselben gleichsam wurzelte, und

b) solche, welche zwar dieser Voraussetzung entbehrten, aber wegen ihrer onerösen Erwerbung nach Inhalt der Verordnung vom 1. Dezember 1804 als real anerkannt waren."

[18]) S. oben S. 5.

die denselben gleichgeachteten Gasthäuser wurden als radiziert anerkannt, sofern sie sich durch ihre Einrichtung zum Betrieb des Gewerbes eigneten.[19])

Seit dem Jahre 1825 wurden mithin die damals bestehenden Realgewerbegerechtigkeiten grundsätzlich anerkannt und zwar mit zwei Neuerungen:

a) Die Dispositionsbeschränkungen, welche die Verordnung von 1804 noch enthielt, fielen sämtlich fort; das jus disponendi wurde in vollem Umfang begründet; über reale Gewerbegerechtigkeiten konnte wie über jedes andere Privateigentum verfügt werden, die Realität wurde also in einer bis dahin noch nicht dagewesenen Weise verdichtet.

b) Als weitere Neuerung enthält das Gesetz eine mit einer Erweiterung verbundene Beschränkung der radizierten Realgewerbegerechtigkeiten: nämlich auf der einen Seite Anerkennung der radizierten Qualität aller bestehenden Tafernen, sofern sie sich durch ihre Einrichtung hierzu eignen, auf der anderen die Unmöglichkeit der Neubegründung radizierter Gewerbegerechtigkeiten.

Ueberhaupt war prinzipiell seit dem Jahre 1825 die Neubegründung realer[20]) und radizierter Realgewerbegerechtigkeiten unbedingt ausgeschlossen. Auch die in der Verordnung von 1804 geschaffene Möglichkeit, in Zukunft Brauereien und Mühlenbetriebe als radizierte zu erklären, war mit dem Jahre 1825 beendet.

Ein bedeutsamer Unterschied zwischen realen und radizierten Realgewerbegerechtigkeiten muß noch erwähnt werden; er ergibt sich aus Art. 4 Ziffer 4 des Gesetzes von 1825, und zwar wurde bei den radizierten Realgewerbegerechtigkeiten die Ausübung des Gewerbebetriebes durch befähigte Werkführer zugelassen, während das bei einfachen realen Gerechtigkeiten nicht zulässig war. Diese Bestimmung entsprach einer Zweckmäßigkeitserwägung, welche die wirtschaftliche Natur beider Gewerbearten berücksichtigte. Die freie Beweglichkeit der einfachen realen Realgewerbegerechtigkeiten machte es überflüssig, demjenigen Inhaber, der an der Ausübung des Gewerbes irgendwie verhindert war, die Möglichkeit zu geben, das Gewerbe durch einen Stellvertreter ausüben zu lassen; er konnte ja über sein Realgewerberecht ohne jeden Zwang verfügen, es verpachten oder veräußern.

Anders verhielt es sich aber beim radizierten Gewerberecht. Wohl hatte auch über solche der Inhaber ein uneingeschränktes Verfügungsrecht; nicht war darin aber eingeschlossen die Möglichkeit, das Recht von dem Grundstück zu trennen und zu einem selbständigen, frei beweglichen Vermögensobjekt zu machen. Die radizierten Rechte sollten radizierte bleiben, somit war eine Trennung von Recht und Grundstück

---

[19]) Art. 4 Ziff. 5 GewGes. vom 11. September 1825; s. auch Roth a. a. O. 1898 S. 299 ff.; BlfRA. IX, 193, 216; Neue Gesetz- und Verordnungssammlung für das Königreich Bayern II, S. 245.

[20]) Neubegründung der realen i. e. S. bereits durch die VO. von 1804 ausgeschlossen, s. oben S. 5.

ausgeschlossen.[21]) Eine Verfügung über das Gewerberecht war also nicht möglich ohne eine gleichzeitige Verfügung über das Grundstück. Wer sein radiziertes Recht nicht ausüben konnte oder wollte, hatte nur die Alternative, sein Recht ruhen zu lassen oder mit seinem Recht auch gleichzeitig und konform über sein Grundstück zu verfügen. Diesem Mißstand half das Gesetz von 1825 dadurch ab, daß es den Betrieb der radizierten Realgewerbegerechtigkeiten durch befähigte Stellvertreter gestattete.

Die fortschrittliche Gesetzgebung des Jahres 1825 begünstigte selbstverständlich eine starke Vermehrung der Gewerbe, insbesondere der persönlichen, und es war unvermeidlich, daß bei dem starken Zulauf zur Gewerbetätigkeit Elemente sich einmischten, denen es an den Vorbedingungen einer gedeihlichen Existenz in hohem Maße mangelte. Die hierdurch hervorgerufene starke Inanspruchnahme der Armenpflege und ferner insbesondere die durch Inhaber der Realgewerbegerechtigkeiten, welche die Erleichterung des Gewerbebetriebes aus ihrer bevorrechtigten Stellung herausgehoben hatte, einsetzende Agitation erzeugte eine große Mißstimmung gegen die tolerante gesetzliche Regelung von 1825. Die Folge war Aufhebung des Gesetzes durch AV. vom 1. Juli 1834 und deren Ersetzung durch die sogenannten Normativ-Entschließungen zu einzelnen Artikeln des Gewerbegesetzes vom 23. Juli 1834, durch die den Realgewerbegerechtigkeiten eine bedeutende Stärkung erwuchs. Allerdings nicht unmittelbar, denn hinsichtlich der Realgewerbegerechtigkeiten speziell enthielt diese Verordnung keine Neuerung. Dagegen wurden die Vorbedingungen zur Erlangung einer persönlichen Gewerbekonzession erheblich erschwert und dadurch mittelbar sowohl die einfachen als auch die realen Gewerbegerechtigkeiten in ihrem wirtschaftlichen Wert sehr gehoben. Eine weitere Steigerung ihrer Bedeutung erfuhren sie außerdem noch dadurch, als durch das revidierte Ansässigmachungsgesetz von 1834 der Besitz eines realen oder radizierten Gewerberechts den Titel zur Ansässigmachung verlieh.

Aus diesem erheblichen Vorzug der Realgewerbegerechtigkeiten vor den übrigen — außer der Möglichkeit zur Ansässigmachung kam noch die der Verehelichung — erwuchs natürlicherweise eine lebhafte Nachfrage nach realen und radizierten Gewerbegerechtigkeiten; die unmittelbare Folge war ein schwunghafter Handel mit ihnen. Der hierdurch hervorgerufene Uebelstand verlangte wiederum nach gesetzlicher Abhilfe. Teilweise wurde eine solche gebracht durch die Vollzugsverordnung vom 17. Dezember 1852 und vom 21. April 1862. Letztere, eine Vollzugsverordnung zum Gesetz vom Jahre 1825, betonte die fortschrittliche Tendenz dieses Gesetzes sehr stark und bahnte eine Fortentwicklung vom Konzessionssystem zur Gewerbefreiheit erfolgreich an.

Bis zum Jahre 1853 hatten die realen und radizierten Gewerbe-

---

[21]) VollzVO. vom 28. Dezember 1825 zum GewGes. von 1825 § 12 Ziff. 1: „Radicierte Gewerbe können jedenfalls nur in Verbindung mit den Realitäten und ihren Einrichtungen, auf welchen sie bisher geruht haben, niemals aber davon getrennt erworben werden."

gerechtigkeiten, deren wirtschaftlicher Wert bereits erhebliche Schwankungen aufgewiesen hatte, keine grundlegende Aenderung in ihrer rechtlichen Konstruktion erfahren; der durch das Gesetz vom Jahre 1825 geschaffene Rechtszustand verblieb im wesentlichen einheitlich erhalten.

Im einzelnen seien folgende Bestimmungen erwähnt. Kein reales oder radiziertes Gewerberecht konnte von einer Gemeinde in die andere transferiert werden. Innerhalb ein und derselben Gemeinde setzte die Transferierung die gewerbepolizeiliche Genehmigung voraus, die auch nur dann erteilt werden sollte, wenn das Objekt, auf welches die Transferierung beabsichtigt war, im Eigentum des neuen Gewerbeinhabers stand, die zum Betriebe erforderlichen Eigenschaften besaß und überdies polizeiliche Rücksichten nicht entgegenstanden.

Uebrigens konnte eine Transferierung ebenso wie eine Verpachtung und Veräußerung nur des ganzen ungeteilten Realgewerberechts vorgenommen werden. Eine Teilung bestehender realer und radizierter Gewerbegerechtigkeiten in zwei oder mehrere war unbedingt unzulässig: es folgt dies daraus, daß eine Neuentstehung realer und radizierter Realgewerbegerechtigkeiten überhaupt ausgeschlossen war.[23]) — Schließlich wurde die Erteilung der gewerbepolizeilichen Bewilligung, der Konzession, auch bei den realen und radizierten Realgewerbegerechtigkeiten obligatorisch gemacht.

Die Vollzugsverordnung vom 21. April 1862 traf bezüglich der realen und radizierten Gewerbegerechtigkeiten keine materiellen Neuerungen. Auch nach ihren Bestimmungen war für Transferierung eines radizierten Gewerberechts von einem Gebäude oder Anwesen auf ein anderes derselben Gemeinde die gewerbepolizeiliche Genehmigung Voraussetzung.[24])

Als einzige Abweichung ist zu bemerken, daß auf die Aufnahme der Voraussetzungen, von denen die Erteilung der Genehmigung abhängig war, verzichtet wurde.

Die Stellung der Inhaber von realen und radizierten Gewerbegerechtigkeiten war demnach eine klare und gefestigte, als die moderne Gesetzgebung von 1868 die volle Gewerbefreiheit brachte.

---

[23]) S. VO. von 1853 §§ 83 ff.: „Da die Entstehung neuer realer und radizierter Gewerbe nach dem Erscheinen des Gewerbegesetzes bei den Prohibitivbestimmungen desselben durchaus unzulässig ist, so kann a) ein bestehendes Real- oder radiziertes Gewerbe nicht in zwei oder mehrere Gewerberechte geteilt, sondern immer nur als einziges und ungeteiltes Gewerbe veräußert, verpachtet und betrieben, b) kein Real- oder radiziertes Gewerberecht von einer Gemeinde in eine andere transferiert werden. Die Transferierung eines radizierten Gewerberechtes von einem Anwesen oder Gebäude auf ein anderes in derselben Gemeinde setzt die gewerbepolizeiliche Genehmigung voraus, welche nur alsdann zu erteilen ist, wenn das Objekt, auf welches die Transferierung geschehen soll, Eigentum des Gewerbeinhabers ist, die zum Betriebe erforderlichen Eigenschaften besitzt, und wenn überdies polizeiliche Rücksichten nicht entgegenstehen.

[24]) S. VO. von 1862 § 32 Abs. 4; Becher a. a. O. S. 1083 ff.

Drittes Kapitel.

Die Realgewerbegerechtigkeiten und die Gesetzgebung seit dem Jahre 1868 bis zur Gegenwart.

Das bayerische Gesetz über das Gewerbewesen vom 30. Januar 1868, in Kraft seit dem 1. Mai 1868 (Art. 24), brachte den Grundsatz der vollen Gewerbefreiheit mit der Einschränkung, daß einzelne Gewerbe mit Rücksicht auf die öffentliche Sittlichkeit und Sicherheit von einer Konzession oder obrigkeitlichen Bestellung abhängig sein sollten; das Prinzip der Gewerbefreiheit wurde durch diese polizeiliche Vorschrift nicht berührt.[25]) Diese Regelung war selbstredend für die Realgewerbegerechtigkeiten von eminenter Bedeutung, und das Gesetz hatte die Aufgabe, den Inhabern der realen Gewerbegerechtigkeiten ihre wohlerworbene rechtliche Stellung zu wahren und zu schützen. Dies geschah vornehmlich in den Art. 7, 10 und 11:

1. Die dingliche Eigenschaft der zu Recht bestehenden realen und radizierten Gewerbegerechtigkeiten bleibt unverändert.
2. In realer und radizierter Eigenschaft dürfen keine Gewerbe mehr verliehen werden. Eine Neubegründung war also von nun an ausgeschlossen;[26]) als Realgewerbegerechtigkeiten im allgemeinen, einfache wie radizierte, können daher in Bayern nur diejenigen anerkannt werden, welche diese Eigenschaft am 1. Mai 1868, dem Termin des Inkrafttretens des Gewerbegesetzes, hatten. Für die einfachen realen Gewerbegerechtigkeiten war, wie bereits erwähnt, für Bayern die Möglichkeit einer Neubegründung schon seit dem 1. Dezember 1804 ausgeschlossen.[27])
3. Den Inhabern von realen und radizierten Gewerbegerechtigkeiten darf, sofern dieselben den vorgeschriebenen persönlichen Voraussetzungen genügen, die zur Ausübung des Gewerbes erforderliche Konzession nicht verweigert werden.[28])
4. Sowohl die radizierten als auch die einfachen realen Gewerbegerechtigkeiten können durch Stellvertreter ausgeübt werden.[29])
5. Die Realgewerbegerechtigkeiten sind frei verpachtbar und veräußerlich.[30]) In letzterer Hinsicht ist allerdings zu scheiden zwischen einfachen realen und radizierten Gewerbegerechtigkeiten. Die ersteren sind frei und unbeschränkt veräußerlich;[31]) nur bei Wirtschaften ergibt sich aus § 33 Absatz 2 Ziffer 2 der Ge-

---

[25]) v. Landmann, Kommentar a. a. O. S. 393—396.

[26]) Roth a. a. O. 1898 S. 299; VO. vom 1. Dezember 1804 Nr. 7; RegBl. von 1805 S. 43 ff. Neue Gesetz- und Verordnungssammlung VII, 178 ff. art. 7, GBl. 1866/69 S. 309 ff.

[27]) Art. 17.

[28]) Hat also der Inhaber des Gewerberechts nicht die persönliche Befähigung, so kann ihm zwar die Erlaubnis zur persönlichen Ausübung verweigert werden, unvorgreiflich aber des Rechts, das Gewerbe durch Vertreter ausüben zu lassen. S. Oertmann a. a O. § 115.

[29]) Art. 11.

[30]) BlfRA. V, 186, 187; IX, 202; Spengel a. a. O. § 7.

[31]) Oertmann a. a. O. § 115.

werbeordnung die Beschränkung, daß das Lokal den polizeilichen Anforderungen genügen muß.[32]) — Dagegen können radizierte Gewerbegerechtigkeiten nur mit Genehmigung der Administrativbehörde weiterveräußert werden nnd zwar nur in Verbindung mit dem Grundstück.[33])

Mit diesen Vorschriften ist den realen Gewerbegerechtigkeiten ein vollständiger Schutz ihres alten Bestandes gewährleistet worden. Die in den angeführten Zeitpunkten bereits begründeten Realgewerbegerechtigkeiten sind auch durch die Reichsgewerbeordnung nicht berührt, insbesondere auch nicht ihre Uebertragbarkeit an Dritte und Transferierbarkeit auf ein anderes Anwesen.[34])

Ihr Vorzug gegenüber den gewöhnlichen Gewerbeberechtigungen äußert sich besonders darin, daß bei den letzteren die Konzession eine conditio sine qua non für die Ausübung des Gewerbes ist, während bei den Realgewerbegerechtigkeiten die Bewilligung nicht verweigert werden darf; das Fortbestehen der realen Gewerberechte ist also für die dem Konzessionszwang unterworfenen Gewerbe von Wichtigkeit.[34a]) Auch in steuerlicher Hinsicht kann das Realgewerberecht noch seine Bedeutung bewähren; man vergleiche hierzu z. B. Art. 5 Abs. 7 des bayrischen Malzaufschlaggesetzes vom 18. März 10.

Bemerkenswert ist die gegen früher erweiterte Bestimmung, daß auch die einfachen realen Gewerbegerechtigkeiten durch Stellvertreter ausgeübt werden dürfen, was bisher nur bei den radizierten Realgewerbegerechtigkeiten der Fall war. Als Grund für diese Maßnahmen geben die Motive zum Entwurf des Gewerbegesetzes von 1868[35]) an, daß die realen Gewerbegerechtigkeiten im engeren Sinn den radizierten vollständig gleichgestellt werden sollten, um der angeblichen Schwierigkeit zu begegnen, festzustellen, welchen Realgewerbegerechtigkeiten radizierte, und welchen nur einfache reale Qualität beizumessen sei.

Eine Gleichstellung der realen und radizierten Gewerbegerechtigkeiten ist indes nur durch die Gesetzgebung und nur insoweit erfolgt, als beiden Arten in einigen wesentlichen Punkten eine gleichmäßige rechtliche Behandlung zu Teil wurde; die das W e s e n beider betreffenden Unterschiede sind aber keineswegs beseitigt worden.[35a])

---

[32]) BlfRA. IX, 233; XLVII, 278. **K r e i t t m a y r** V, 27, 21 Anm. 2.

[33]) „Transferierbarkeit in ein anderes Anwesen muß vom gewerbepolizeilichen Standpunkt denselben Grundsätzen unterliegen wie die Neuerrichtung in einem anderen Anwesen, weshalb hier stets gewerbepolizeiliche Bewilligung erforderlich, mithin auch die Bedürfnisfrage zu berücksichtigen ist." Plen.-Erk. des VGH. vom 23. Oktober 1889 XI, 1 ff. (s. auch BlfAdmPr. XXV, 353; XXX, 343) gegen VIII, 72 (s. auch BlfRA. LVII, 278), wonach die Prüfung der Lokalfrage durch die Gewerbepolizeibehörde sich bei den radizierten Gewerberechten lediglich auf Beschaffung, bei realen noch auf Lage des Lokals bezieht, während die Bedürfnisfrage überhaupt nicht aufgeworfen werden kann.

[34]) §§ 10 und 48 RGewO.

[34a]) O e r t m a n n a. a. O. S. 500.

[35]) Motive S. 78.

[35a]) S. Plenarentscheidung des Verwaltungsgerichtshofes vom 23. Oktober 1889, Bd. XI, S. 1 der Sammlung von Entscheidungen des k. Bayer. Verwaltungsgerichtshofes.

Um schließlich noch auf die Gewerbegesetzgebung des Reiches zu sprechen zu kommen, genügt die Anziehung des Art. 74 EG. BGB., inhaltlich dessen die Regelung der Rechtsverhältnisse der Realgewerbegerechtigkeiten, soweit nicht die Reichsgewerbeordnung den Landesgesetzen entgegengesetzte Bestimmungen getroffen hat, den letzteren überlassen bleibt.

Die Reichsgewerbeordnung und das bayerische Gewerbegesetz von 1868 sind demnach heute die Grundlagen für die Bestimmung des rechtlichen Gehalts und Schutzes der Realgewerbegerechtigkeiten, wobei allerdings der Begriff, der vom Gesetz selbst nicht festgestellt wird, bereits als ein in oben dargestellter Entwicklung gewordener übernommen wird.

Zum Schluß sei noch darauf hingewiesen, daß der § 7 der Reichsgewerbeordnung auf die daselbst im § 6 aufgezählten Gewerbe, z. B. Abdeckereien, Apotheken usw. keine Anwendung findet. Hier also können auch noch in Zukunft, soweit nicht Landesrecht entgegensteht, von Reichs wegen reale Gewerbegerechtigkeiten weiterexistieren und neu errichtet werden.[36])

---

[36]) S. Oertmann a. a. O. § 115.

II. Teil.

Die rechtliche Natur der realen und radizierten Gewerbegerechtigkeiten nach geltendem Recht.

Erstes Kapitel.

Terminologie und Systematik.

I. Die rechtliche Konstruktion der Realgewerbegerechtigkeiten ist in der Literatur sehr verschiedenartig versucht worden. Die Mannigfaltigkeit der Auffassungen erklärt sich nicht zum geringsten Teil durch die wenig präzise Verwendung der in Betracht kommenden juristischen Begriffe. Um daher bei unserer Darstellung Mißverständnisse von vornherein zu vermeiden, erscheint es zweckmäßig, in den einleitenden Vorbemerkungen die einschlägigen Begriffsdefinitionen nach der in der Literatur vorherrschenden Meinung kurz zu umreißen, und zwar handelt es sich in der Hauptsache um den Begriff der absoluten, relativen, dinglichen und obligatorischen Rechte, der Rechte an Sachen und Forderungen, der Personal- und Realrechte und im Zusammenhang damit der „selbständigen Gerechtigkeiten", sowie schließlich der Reallasten.

a) Die absoluten Rechte stellen sich dar als solche, bei welchen dem Rechtssubjekt die Gesamtheit aller übrigen Rechtssubjekte als verpflichtet gegenübersteht, mit anderen Worten, das Recht übt seine Wirkung gegen jeden Dritten aus. Im Gegensatz hierzu ist das relative ein Recht, welches sich gegen einen oder eine bestimmte Anzahl von Verpflichteten richtet. Die Unterscheidung ist klar und leidet an ihrer Grundsätzlichkeit auch dadurch keinen Schaden, daß es durchbrechende Ausnahmen gibt.

Weniger bedeutsam ist bei beiden der Unterschied, daß beim absoluten Recht die Ausübungsmöglichkeit in der Regel nur eine negative ist, insofern, als ein Dritter nichts tun darf, was den Inhaber des Rechts an der freien Ausübung desselben hindert (jus prohibendi), während das relative Recht meistenteils den Anspruch auf eine aktive Handlung des oder des Kreises der Verpflichteten gewährt.

b) Nach einem ganz anderen Gesichtspunkt ist das Wesen des dinglichen Rechts zu ergründen. Schon das Wort „dinglich" selbst weist auf die Beziehung zu einer Sache hin. Eine solche Beziehung zur Sache kann aber nach zweierlei Richtungen hin gedacht werden: einmal so, daß das Recht im Verhältnis zur Sache dominierende Qualität besitzt. Zum andern in der Weise, daß durch die Sache infolge einer engeren

Verknüpfung des Rechts und der Sache dem Rechtssubjekt das Recht vermittelt wird. Man kann sagen, in dem ersteren Falle liegt die „Sache“ auf der passiven Seite, im zweiten Falle auf der aktiven Seite des Rechts. Stellt man mit Rücksicht auf das dingliche Recht nun die Frage, ob bei ihm das sachliche Substrat auf der Aktivseite des Rechts zu suchen ist, mit anderen Worten, ob die Sache das vermittelnde Glied zwischen Berechtigung und Rechtssubjekt ist, oder ob hier das Recht die Sache ergreift, dieselbe belastet, muß man die Entscheidung ohne weiteres im letzteren Sinne fällen.

Das dingliche Recht bezieht sich also auf eine Sache; eine Sache ist unmittelbarer Gegenstand des Rechts, ebenso wie der dem Recht entsprechende Anspruch sich als eine A^0 in rem darstellt.[37])

Durch die Herrschaft des Rechts über die Sache wird diese aus ihrer rechtlichen Beziehung zu allen übrigen Rechtssubjekten herausgerissen; das dingliche Recht ist also notwendigerweise ein absolutes gegen jeden Dritten wirkendes Recht. Daraus folgt, daß das dingliche Recht eine Unterart des absoluten ist: Jedes dingliche Recht ist ein absolutes, nicht aber auch jedes absolute Recht ein dingliches.

Das dem absoluten Recht noch eigentümliche Charakteristikum des prohibere[38]) gelangt beim dinglichen Recht dahin zum Ausdruck, daß jede Einwirkung auf die Sache von dritter Seite eine Verletzung des Rechts bedeutet.

Im Gegensatz zu den dinglichen Rechten sind die obligatorischen Rechte solche, denen nicht eine Sache — weder total noch in einzelnen Beziehungen — unterworfen ist, sondern auf Grund deren von einer bestimmten Person oder einer bestimmten Anzahl von Personen ein gewisses Verhalten von Vermögensinteresse verlangt werden kann.[39])

c) Der soeben abgegrenzte Begriff des dinglichen Rechts ist in das System des BGB. nicht aufgenommen worden; die Sprache dieses Gesetzes kennt den Ausdruck „dinglich“ nicht. An seiner Stelle werden die Worte „Sachenrecht“ und „Recht an der Sache“ gebraucht. Hierbei ist aber zu beachten, daß der Begriff des dinglichen Rechts sich mit dem Sachenrechtsbegriff des BGB. nicht deckt.[40]) Denn wenn auch für die Sachenrechte im System des BGB. die absolute Natur in allen Fällen charakteristisch ist, so fehlt doch zuweilen das zweite Hauptmoment der Dinglichkeit, nämlich die Herrschaft über eine Sache. Und gerade das passive sachliche Substrat ist für den Begriff der Dinglichkeit ausschlag-

---

[37]) S. u. a. Endemann a. a. O. S. 60 „die von dem Rechtssubjekt an einem körperlichen Rechtsgut ausgeübte unmittelbare Sachenherrschaft heißt ..... dingliches Recht“; s. auch Becher a. a. O. S. 461 B „eine Sache wird dem Berechtigten unterworfen“.

[38]) Maurenbrecher PR. §§ 347 ff.

[39]) Becher a. a. O. S. 461 B.

[40]) Fuchs a. a. O. Bd. I S. 36; Eck a. a. O. 1896 S. 27; 1898 S. 102; Gierke a. a. O. S. 37 Note 41; a. M. Biermann a. a. O. S. 2, der allerdings die Frage vom Gesichtspunkt der praktischen Rechtsanwendung beleuchtet; s. auch Predari a. a. O. § 2 Bem. 8, JheringsJB. Bd. 38 S. 1 ff. 36 (Strohal); Planck a. a. O. § 95 Anm. 4.

gebend; die absolute Natur folgt schließlich aus der dominierenden Beziehung zur Sache.[41]) Bekanntlich ist die vom BGB. vorgenommene Aufzählung der Sachenrechte eine vollständige. Die Zahl und Art gilt als geschlossen und dem Neubildungswillen des Einzelnen entrückt. Innerhalb dieser Aufzählung finden wir aber z. B. das Pfandrecht, den Nießbrauch an Rechten, und der Gegenstand dieser, welche das BGB. ausdrücklich zu den Sachenrechten zählt, ist eben keine Sache, sondern ein Recht.[42])

Mit Rücksicht auf diese Unstimmigkeit wird der Ausdruck „Sachenrechte" zweckmäßigerweise überhaupt nicht angewendet, wenigstens nicht in der allgemeinen Terminologie, zumal ja daran festzuhalten ist, daß die „Sachenrechte" im strengen technischen Sinne des heutigen bürgerlichen Rechts nach Art und Zahl frei geschaffene Gebilde dieses Rechts sind. Jedenfalls aber könnte einer Verwendung des Ausdrucks „Sachenrecht" nur in dem Sinne beigepflichtet werden, als damit angedeutet werden soll, daß es sich um rechtliche Beziehungen zu Sachen handelt.

d) Auch um eine Beziehung zur Sache handelt es sich bei den sogenannten Realrechten. Der große Unterschied zwischen ihnen und den dinglichen Rechten liegt aber darin, daß bei letzteren die Sache Gegenstand, Objekt des Rechtes ist, während bei den ersteren das sachliche Substrat auf der Aktivseite des Rechts liegt; die Sache bildet das Vermittlungsglied zwischen dem Recht und dem Träger des Rechts. Einen ähnlichen Gedanken können wir bereits bei Reyscher[43]) konstatieren, der bei der Untersuchung über die Natur der sogenannten subjektiv- und objektiv-dinglichen Rechte eine Personifizierung des Grundstücks (der Sache) vornimmt, indem er es zum Rechtssubjekt erhebt. Das Grundstück ist an sich in „passiver" Beziehung Objekt des Eigentumsrechts resp. anderer Rechte an Sachen und dabei Subjekt des mit ihm verbundenen Realrechtes.

Ueberwiegend sind die Vertreter der deutschen sachenrechtlichen Literatur der Ansicht, daß schon durch die Wortfügung „Real"rechte auf die Beziehung des Rechts zu einer „res" hingedeutet wird und deswegen unter „Real"rechten notwendigerweise nur und ausschließlich solche verstanden werden können, die in Verbindung mit einer Sache stehen, wobei mit der Sache in der Regel stillschweigend eine res immobilis, ein Grundstück gemeint ist. Zu nennen sind an dieser Stelle u. a. Gerber,[43a]) Hillebrand,[43b]) Maurenbrecher,[43c]) und Walter.[43d])

---

[41]) Endemann a. a. O. S. 60.

[42]) Einen eigenen Weg schlägt Cosack ein, indem er das dingliche Recht als den Oberbegriff für Rechte an Sachen und Rechte an Rechten hinstellt; für letztere allerdings auch mit der Einschränkung, daß es sich dabei nur um Rechte handeln kann, die sich an ein dingliches Grundrecht anschließen (Cosack a. a. O. Bd. II 1 S. 3, 4).

[43]) Zeitschrift für deutsche Rechtswissenschaft V S. 53.

[43a]) Gerber, System des deutschen Privatrechts § 156.

[43b]) Hillebrand, Lehrbuch des gemeinen deutschen Privatrechts § 146.

[43c]) Maurenbrecher, Deutsches Privatrecht § 351.

[43d]) Walter, Deutsches Privatrecht § 131.

Eine der weiteren Konsequenzen dieser ihrer Auffassung ist, daß sie aus eben demselben Grunde sämtlichen Realrechten eo ipso dingliche Qualität beilegen und auf diese Weise den grundsätzlichen Begriffsunterschied zwischen „realen“ und „dinglichen“ Rechten verwischen.

Die Realrechte sind aber keineswegs nur auf solche Rechte zu beschränken, die mit einer körperlichen Sache, einem Grundstück, zusammenhängen; es gehören hierher vielmehr auch noch diejenigen Rechte, welche ohne Beziehung zu einem Grundstück infolge einer eigentümlichen geschichtlichen Entwickelung einen so selbständigen, mit absoluter Wirkung ausgestatteten Charakter angenommen haben, daß sie dem allgemeinen Rechtsempfinden entsprechend und vor allem wegen ihrer zeitlich unbeschränkten Dauer selbst als eine quasi res (immobilis) aufgefaßt und rechtlich dementsprechend behandelt werden. Ausführungen in diesem Sinn finden wir bei einer Reihe namhafter Autoren, wie Gengler,[43e]) Roth,[43f]) Stobbe,[43g]) Unger[43h]) und R. Schmidt.[43i])

Auch bei den realen Rechten der letzten Kategorie ist der begriffliche Unterschied von den dinglichen Rechten in dem von uns oben erläuterten Sinn unzweideutig festzustellen; auch hier kann keine Rede davon sein, daß ein (quasi =) sachliches Element der Herrschaft des Rechts unterworfen ist, es verkörpert vielmehr selbst den Träger des Rechts in sich selbst. Gegen die wohl kaum bestrittene absolute Qualität dieser Rechte ist damit nichts gesagt.

In der neuen einschlägigen Literatur bringt besonders Becher[44]) entschieden zum Ausdruck, daß bei den Realrechten ein Herrschaftsverhältnis zwischen Recht und Sache nicht vorliegt; er reiht dieselben unter diejenigen Rechte „wegen“ Sachen, zu deren Ausübung jemand als Eigentümer eines Grundstücks (einer Sache) berechtigt ist. Die Sache ist also nicht Objekt des Rechts wie bei den dinglichen Rechten, sondern die Sache vermittelt das Recht auf Grund einer besonderen rechtlichen Beziehung dem Rechtsubjekt. Auf einen von ihm gemachten weiteren Unterschied zwischen aktiven und passiven Realrechten kommen wir unten noch kurz zu sprechen.

Den Realrechten gegenüberzustellen sind die Personalrechte, bei denen dem Rechtssubjekt die Berechtigung auf Grund bestimmter persönlicher Essentialien zukommt.

Zur Klasse der Realrechte gehören abgesehen von anderen hier nicht interessierenden Rechten auch die sogenannten Realgewerbegerechtigkeiten, sowohl die radizierten wie die im engeren Sinn. Entsprechend unseren obigen Ausführungen über die Realrechte liegt auch bei ihnen das sachliche Substrat auf der Aktivseite des Rechts; die Sache vermittelt dem Rechtssubjekt die Berechtigung aus der Gerechtigkeit.

[43e]) Gengler, Das deutsche Privatrecht in seinen Grundzügen §§ 84 ff.

[43f]) Roth, Bayrisches Zivilrecht 1875 III §§ 241 und 294.

[43g]) Stobbe, Handbuch des deutschen Privatrechts §§ 63 ff.

[43h]) Unger, System des OestPrR. I §§ 64 ff.

[43i]) R. Schmidt, Ueber dingliche Gewerberechte im ArchZivPrax. Bd. 44, 1 ff. und 74 ff.

[44]) Becher a. a. O. S. 461 B.

Um diese Verhältnisse bei den Realgewerbegerechtigkeiten im engeren Sinn, die ja unabhängig von einer Sache, einem Grundstück, mit einem solchen in keiner Verbindung stehen, klarzulegen, wird es sich empfehlen, bereits an dieser Stelle auf den Begriff der „selbständigen Gerechtigkeiten" einzugehen.[44a])

Unter einer „Gerechtigkeit" versteht man bekanntlich die mit einer gewissen Dauer ausgestattete Berechtigung eines Rechtssubjekts, mit absoluter Wirkung Dritten gegenüber selbst etwas tun oder verbieten zu dürfen. Eine solche Gerechtigkeit kann einen rein persönlichen, mit dem Schicksal des Trägers unlösbar verknüpften Charakter tragen, sie kann in Verbindung mit einer Sache, einem Grundstück stehen, schließlich aber auch ein eigenes wirtschaftliches, selbständiges, von anderen Rechtsverhältnissen unabhängiges Gut darstellen; im letzteren Fall gelangen wir zu dem Begriff der „selbständigen Gerechtigkeit". Ausgeschlossen von diesem sind also u. a. diejenigen Rechte an Grundstücken, die sich als persönliche, vollständige oder beschränkte Gebrauchs- und Nutzungsrechte darstellen, ausgeschlossen sind aber auch z. B. die Grunddienstbarkeiten, und zwar wegen der notwendigen Zusammengehörigkeit des Rechts mit dem praedium dominans, endlich noch die Gerechtigkeiten, bei denen dem Berechtigten das Recht aus der Gerechtigkeit durch eine Sache, nämlich ein Grundstück vermittelt wird.

Diese vom Besitz eines Grundstücks unabhängigen, zeitlich regelmäßig nicht beschränkten, veräußerlichen und vererblichen Gerechtsamen sind von der Praxis und der Gesetzgebung hinsichtlich ihrer rechtlichen Behandlung als Immobilien aufgefaßt worden, d. h. sie wurden im großen und ganzen den gleichen gesetzlichen Vorschriften unterworfen, wie die Grundstücke selbst. Es stellt dies insofern eine Ausnahmebehandlung dar, als sonst in den Partikularrechten, insbesondere nach preußischem Recht, die Rechte stets als mobilia und nur insoweit als immobilia galten, als sie mit dem Besitz eines Grundstücks verbunden waren. Diese rechtliche Behandlung wurde dann auch ausgedehnt auf sonstige Rechte, aber nur, soweit besondere Gesetze das ausdrücklich besagten. Und das geschah u. a. bei den sogenannten selbständigen Gerechtigkeiten.

Diese Ausführungen haben auch für speziell bayerische Verhältnisse im wesentlichen Geltung. Als den Immobilien gleichstehende und vom Gesetz den Immobilien gleichgeachtete selbständige Gerechtigkeiten sind diejenigen fruchtbringenden, dinglichen Rechte anzusehen, welche selbständig sind und mit dem Tode des Berechtigten nicht erlöschen; zu ihnen werden auch die Gewerbegerechtigkeiten gerechnet; für sie kann auf Antrag ein eigenes Grundbuchblatt angelegt werden, was bei Belastung bezw. Veräußerung des Rechts ex officio zu geschehen hat.[44bc])

[44a]) Siehe hierzu die ausführlichen Darlegungen bei Sehling, Die Rechtsverhältnisse an den der Verfügung des Grundeigentümers nicht entzogenen Mineralien, Leipzig 1904, § 11.

[44bc]) Roth, Bayrisches Zivilrecht 1872 §§ 110, 118; Oertmann a. a. O. S. 298 (AG. z. GrBO. Art. 17); Fuchs, Grundbuchrecht Bd. II S. 89 ff.; Gönner, Kommentar zum HypG. I, 118.

Das geltende Reichsrecht steht der landesgesetzlichen Regelung nicht entgegen, indem es in den Art. 65, 67—69, 73 und 74 EG. BGB. die betreffenden Rechtsgebiete ausdrücklich unter die den Landesgesetzen vorbehaltenen Materien einreiht, zu denen u. a. auch die Realgewerbegerechtigkeiten gehören (Art. 74).

Von diesen letzteren sind als selbständige Gerechtigkeiten in obigem Sinn nur die von dem Besitz eines Grundstücks unabhängigen, einfachen realen Gerechtigkeiten anzusprechen. Diese also gelten selbst als eine res (immobilis), sie verkörpern in dieser ihrer Eigenschaft das (quasi =) sachliche Substrat in dem Träger des Rechts selbst; das (quasi =) sachliche Element liegt also auch bei ihnen wie das sachliche bei den radizierten Realgewerbegerechtigkeiten auf der Aktivseite des Rechts; hier ist aber das Recht selbst die Sache, sachliches Element und Recht fallen in eins zusammen.

Mit einigen Worten sei jetzt noch darauf zurückgekommen, daß Becher[45]) die radizierten Realgerechtigkeiten als passive Realrechte bezeichnet; hierbei geht er von einem Unterschied zwischen aktiven und passiven Realrechten aus, je nachdem die Berechtigung einer individuellen Person oder einer Person als Eigentümerin einer Sache zusteht, oder die Verpflichtung auf einer unbeweglichen Sache ruht. Hiergegen ist folgendes zu bemerken:

1. Der Begriff des Realrechts wird richtig dahin aufgefaßt, daß eine Sache das die Berechtigung vermittelnde Glied bildet; demgemäß sind Rechte, die einer individuellen Person ohne Beziehung auf eine Sache zustehen, begrifflich gar keine Real- sondern Personalrechte.[46])

2. Realrechte, bei denen die Verpflichtung aus dem Recht auf einer unbeweglichen Sache ruht, wären begrifflich Reallasten, bei denen der aus der Reallast Berechtigte der jeweilige Eigentümer einer Sache, speziell eines Grundstücks ist (BGB. § 1105 Abs. 2). Wenn Becher nun die radizierten Realgewerbegerechtigkeiten als Beispiel für die passiven Realrechte anführt, so scheint er hiermit vielmehr zum Ausdruck bringen zu wollen, nicht daß die Verpflichtung auf einer unbeweglichen Sache ruht, sondern daß das Recht, welches die Verpflichtung anderer zum Gegenstande hat, auf einer unbeweglichen Sache ruht. Sollte Becher das letztere wirklich gemeint haben, so war aber eine Unterscheidung von aktiven und passiven Realrechten in seinem Sinne überflüssig.

e) Schließlich ist noch auf den Begriff der Reallasten einzugehen.

Vorweg sei bemerkt, daß wir es hier nicht mit einer Rechtsart zu tun haben, sondern mit einem Rechts-Institut. Als Begriffsbestimmung ist heute für Deutschland die Legaldefinition des § 1105 BGB. maßgebend:

---

[45]) Becher a. a. O. S. 462.

[46]) Wenn die Realgewerbegerechtigkeiten im engeren Sinn, wie wir unten noch sehen werden, nicht notwendig eine Sache als Mittelglied aufweisen, und trotzdem als Realrechte bezeichnet werden, so ist das durch ganz besondere Verhältnisse begründet, die wir oben bereits angedeutet haben.

„Ein Grundstück kann in der Weise belastet werden, daß an denjenigen, zu dessen Gunsten die Belastung erfolgt, wiederkehrende Leistungen aus dem Grundstücke zu entrichten sind (Reallast).

Die Reallast kann auch zugunsten des jeweiligen Eigentümers eines anderen Grundstückes bestellt werden."

Nach der heute geltenden Meinung und auf Grund positiver Gesetzesbestimmung repräsentieren also die Reallasten eine besondere Gattung der dinglichen Rechte. Diese klare, auf der reichsgesetzlichen Definition fußende Regelung hat dem bis dahin lebhaften Streit der Ansichten über das Wesen der Reallasten ein Ende gesetzt.

Das frühere deutsche Recht nimmt zu den Reallasten eine sehr verschiedenartige Stellung ein. Stets allerdings wurden sie als dingliche Lasten mit Schuldinhalt aufgefaßt: das aus ihnen fließende Recht unterlag den Vorschriften über die Liegenschaften.

Die Partikularrechte, z. B. das allgemeine Landrecht, wenden dem Begriff der Reallasten nicht sonderlich viel Beachtung zu; im wesentlichen bewendet es bei der bisherigen Auffassung, nach welcher die Reallasten teils als deutsch-rechtliche Servituten mit einer A° in rem scripta und einem unbestimmten Schuldner, teils als reine, hypothekarisch gesicherte Obligationen bezeichnet werden.

Erst die Wissenschaft des deutschen Privatrechts seit Mittermaiers Einleitung in das Studium des deutschen Rechts vom Jahre 1812 wurden verschiedene Theorien herausgebildet.

Aus der eigentümlichen Verbindung eines dinglichen und persönlichen Rechts sprechen sich die Vertreter der einen Richtung für die ausschließliche Dinglichkeit der Reallasten aus, so Duncker,[46a]) Gengler[46b]) und Renaud.[46c]) Andere betonen wieder vornehmlich den obligatorischen Charakter dieser Rechte, wie Gerber[46d]) und Friedlieb.[46e]) Die Mittelmeinung wird u. a. von Wächter[46f]) und Unger[46g]) und zwar dahin vertreten, daß die Belastung als solche dinglicher Natur ist, die einzelnen Leistungen aus der Verpflichtung aber obligatorischen Charakter tragen und dementsprechend in ihrer rechtlichen Behandlung dem Obligationenrecht unterliegen.

Die letztere Theorie bildete den Uebergang zu der heute das BGB. beherrschenden Auffassung, wonach die Reallasten als eine selbständige, dingliche Schuld, als eine besondere Gattung der dinglichen Rechte aufgefaßt werden müssen.

Wie fast alle Sachenrechte des BGB. vom Standpunkt der Belastung aus definiert werden, so ist dies auch bei der Reallast der

[46a]) Duncker, Die Lehre von den Reallasten 1837.
[46b]) Gengler, Das gemeine Deutsche Privatrecht I S. 285 ff.
[46c]) Renaud, Beitrag zur Theorie der Reallasten 1846.
[46d]) Gerber, System des deutschen Privatrechts.
[46e]) Friedlieb, Die Rechtstheorie der Reallasten.
[46f]) Wächter, Württembergisches Privatrecht II.
[46g]) Unger, System des OestAPrR. I S. 553.

Fall. Das Recht aus der Reallast ist die Berechtigung, aus einem Grundstück wiederkehrende Leistungen zu fordern; das Grundstück ist also im Verhältnis zu dem Recht der passive Teil; es ist Objekt des Rechts. Unter diesem Gesichtspunkt erscheint der Gebrauch des Präfixes „real" bei dem Ausdruck Reallast nicht konsequent zu sein, da hier die Sache Gegenstand, Objekt des Rechts ist, während das Präfix „real" sonst auf ein sachliches Substrat auf der Aktivseite hinweist. Mit Rücksicht hierauf erscheint die Annahme gerechtfertigt, daß bei dem Ausdruck „Reallast" das Vorwort real gar nicht in dem unter d angedeuteten Sinne gebraucht wird. Reallast ist eben die technische Bezeichnung eines Rechts-Instituts, ebenso wie Hypothek, Grundschuld usw., die nach der Systematik des BGB. zusammen mit den Reallasten als Sachenrechte aufgezählt werden, keine Realrechte im oben bezeichneten Sinne sind.

II. In den folgenden Kapiteln soll zunächst der Frage nähergetreten werden, ob eine Scheidung in reale und radizierte Gerechtigkeiten sich rechtfertigen läßt. Zu den beiden gegensätzlichen Auffassungen tritt als Mittelmeinung die hinzu, welche die Realgewerbegerechtigkeiten bis zum Jahre 1868 in reale und radizierte teilt, von da ab jedoch unter Einwirkung des bayerischen Gewerbegesetzes von 1868 eine Verschmelzung beider Gruppen in eine annimmt.

Im Anschlusse daran wird die rechtliche Natur, das Wesen der Realgewerbegerechtigkeiten unter Berücksichtigung der bereits festgelegten Begriffe untersucht werden.

Zweites Kapitel.

Sind die Realgewerbegerechtigkeiten einheitlicher Art oder ist bei ihnen ein Unterschied zwischen einfachen realen und radizierten zu machen?

I. a) Eine ganze Reihe der älteren Schriftsteller vertreten die Anschauung, daß alle Realgewerbegerechtigkeiten einheitlichen rechtlichen Charakter trügen, und zwar seien sie sämtlich als „radizierte" zu bezeichnen.[47]) Zu den Wesensbestandteilen einer Realgewerbegerechtigkeit gehöre, daß sie mit einem Grundstück verbunden sei und eben aus dieser Verbindung ergebe sich die dingliche Natur eines solchen Rechts. Diese Auffassung ist in zweifacher Hinsicht zu kritisieren. Vor allen Dingen ist die Schlußfolgerung abzulehnen, daß aus der Verbindung mit einem Grundstück für das Recht die dingliche Natur hervorginge. Es ist bereits auseinandergesetzt worden, daß Realität begrifflich mit Dinglichkeit nichts zu tun hat. Zum zweiten geht aus der historischen Betrachtung einwandfrei hervor, daß die Realgewerbegerechtigkeiten nicht ohne weiteres sämtlich mit einem Grundstück verbunden sind, und zwar ist dies nicht der Fall bei den sogenannten Realgewerbegerechtigkeiten im engeren Sinn.

---

[47]) Gerber a. a. O. § 156, 3; Maurenbrecher a. a. O. § 351; Reyscher, WürttPR. § 250; Walter a. a. O. § 131.

b) Die unter a erwähnte Anschauung wurde denn auch als allgemein theoretische, insbesondere aber mit Rücksicht auf die Regelung der bayerischen Gesetzgebung bekämpft.[48]) Nach der überwiegenden Meinung sind jedenfalls nach bayerischem Recht zwei Arten von Realgewerbegerechtigkeiten zu unterscheiden, je nachdem dieselben an einem Grundstück haften (radizierte Realgewerbegerechtigkeiten) oder von dieser Haftung frei sind (Realgewerbegerechtigkeiten im engeren Sinne oder einfache Realgewerbegerechtigkeiten). Die letztere Auffassung bezeichnet auch Roth als die Auffassung des bayerischen Rechts, welches drei Arten von Realgewerbegerechtigkeiten kennt: die realen im engeren Sinne, die radizierten und schließlich, was nur der Vollständigkeit halber hier erwähnt sei, die Ehehaften. Und zwar heißen nach Becher[49]) „radizierte" diejenigen Realgewerbegerechtigkeiten, bei denen die Befugnis aus dem Recht an ein Grundstück geknüpft ist; „reale im engeren Sinne", wenn sich das Recht an eine Person knüpft, von dieser aus aber vererblich und veräußerlich, also nicht höchstpersönlich ist. Wir können uns dieser klar ausgesprochenen Auffassung nur anschließen und brauchen von ihr nur insoweit abzuweichen, als er die Realgewerbegerechtigkeiten durchweg als dingliche Rechte bezeichnet.

In gleicher Weise bringen denselben Gedanken zum Ausdruck: Lotz, Mittermair, Schmid und Unger.[50])

Lotz aber scheint das Schwergewicht auf ein aus dem Hauptmoment als solchem folgendes Merkmal zu legen, nämlich auf die Veräußerungsmöglichkeit, ebenso Schmid. Des letzteren Ausführungen fanden in der Literatur entscheidende Beachtung; und wenigstens für bayerische Verhältnisse ist seine Anschauung zweifellos die zutreffende.[51])

Nach der im ersten Teil dieser Darstellung gegebenen historischen Entwicklung der realen Gewerbeberechtigungen in Bayern ist zweifelsfrei ersichtlich, daß eine scharfe Scheidung zu machen ist zwischen den realen Gewerberechten, die bei ihrer Entstehung mit dem Schicksal eines Grundstücks so eng verknüpft sind, daß sie ohne dieses Grundstück bzw. ein nur ganz ausnahmsweise zugelassenes Ersatzgrundstück nicht existieren können und solche, die ihre Realität lediglich gewissen Eigenschaften verdanken, die sie über die höchst persönlichen Gewerbegerechtigkeiten hinausheben und die ein

---

[48]) Roth a. a. O. 1898 S. 107 ff., S. 299.

[49]) Becher a. a. O. 1083 ff.

[50]) Lotz, BlfRA. XIII, S. 145: „die realen im engeren Sinne sind frei veräußerlich wie jedes Privateigentum, die letzteren (radizierte) auf Grund und Boden haftend und nur mit diesem veräußerlich"; Mittermair, PR. § 173a und 523; Schmid, ArchZivPrax. 44 S. 26, 27 ff.: „wir haben bei den Realgewerbegerechtigkeiten überhaupt als Hauptgattungen zu unterscheiden: erstens radizierte, d. h. als Pertinenzen mit einem Grundstück verbundene Gewerberechte, zweitens nicht radizierte, d. i. als selbständige Vermögensrechte frei veräußerliche und vererbliche Gewerberechte"; Unger, OestPR. § 64.

[51]) S. auch Roth a. a. O. 1898 S. 107 ff., S. 299.

freies, von einer Verbindung mit einem Grundstück oder einer Person nicht abhängiges wirtschaftliches und rechtliches Eigenleben führen.[52])

Einen Mittelweg bei der Erörterung schlug anfänglich die oberste Rechtsprechung in Bayern im Anschluß an die bayerische Gesetzgebung des Jahres 1868 ein, indem sie vor diesem Jahr die Scheidung zwischen radizierten und einfachen Realgewerbegerechtigkeiten als begründet anerkannte, nach 1868 jedoch auf Grund des Gewerbegesetzes eine Gleichstellung und Verschmelzung dieser beiden Gattungen annehmen zu müssen glaubte.[53]) „Das erwähnte Gesetz (von 1868 ist gemeint) hatte übrigens die offen ausgesprochene Absicht, die Unterschiede zwischen realen und radizierten Rechten möglichst zu verwischen und zwar, wie sich die Motive zu Artikel 11 des Gesetzes ausdrücken, aus dem Grunde, weil die Frage, welche Gewerbe reale und welche radizierte sind, nicht gelöst werden kann." — „Die Vorschriften des Gesetzes vom 30. Januar 1868 und § 10 der Verordnung vom 25. April 1868 stellen die radizierten Gewerbe öffentlichrechtlich den beweglichen realen Rechten völlig gleich."

Nachdem diese Auffassung in der bayerischen Rechtsprechung sich längere Zeit hindurch behauptet hatte, wurde sie Ende der 80er Jahre in einer Plenarentscheidung des Verwaltungsgerichtshofes wieder aufgegeben und mit eingehender völlig zutreffender Begründung als irrtümlich dahin richtiggestellt, daß durch Artikel 11 Absatz 3 bis 5 des Gewerbegesetzes von 1868 zwar eine Gleichstellung der realen (im engeren Sinne) und radizierten Gewerbegerechtigkeiten in wesentlichen Punkten erfolgt sei, daß aber die das Wesen beider Arten betreffenden Unterschiede keineswegs beseitigt sind, vielmehr im alten Bestand aufrecht erhalten blieben.[54])

Drittes Kapitel.

Das Wesen der Realgewerbegerechtigkeiten.

Zu Eingang dieses Abschnittes verweisen wir auf die oben im ersten Kapitel gemachten Ausführungen über den Begriff der Dinglichkeit eines Rechts; nach den dort angegebenen Gesichtspunkten sollen hier die Realgewerbegerechtigkeiten ihrem Wesen nach einer Prüfung unterworfen werden, und zwar insbesondere, ob sie als dingliche Rechte anzusehen sind oder nicht.

I. Die Realität der Realgewerbegerechtigkeiten ist in der verschiedensten Weise zu ergründen versucht worden.

---

[52]) Oertmann a. a. O. § 115.

[53]) Entscheidung des Verwaltungsgerichtshofes vom 3. Mai 1881 (Sammlung Bd. III S. 7) und vom 7. Dezember 1886 (Sammlung Bd. VIII S. 72).

[54]) Plenarentscheidung des Verwaltungsgerichtshofes vom 23. Oktober 1889; s. Bd. XI S. 1 ff. der Sammlung.

a) Die Worte, welche Lotz[55]) in seinem Aufsatz über Reinheit und Richtigkeit der Sprache im Rechtsleben gegen die Zersetzung der Juristensprache mit griechischen und lateinischen Kunstausdrücken richtet, sind gewiß beachtenswert und prinzipiell durchaus anzuerkennen. Selbstverständlich muß dieses Bestreben sich selbst eine Schranke insofern setzen, als die für die Fremdworte vorgeschlagenen Ersatzausdrücke nicht genau den Sinn dessen wiedergeben, der mit dem terminus technicus unlösbar verknüpft ist. Wenn also Lotz gelegentlich seiner weiteren Auseinandersetzungen für die Ausdrücke „real" und „radiciert" die Worte „dinglich" und „grundbar" empfiehlt, so ist doch auf alle Fälle zu untersuchen, ob der technische Begriff „real" sich auch wirklich mit der technischen Bezeichnung „dinglich" deckt. Tatsächlich kann man konstatieren, daß in der Literatur, und hauptsächlich in der älteren, häufig das Realrecht mit dem dinglichen Recht gleichgestellt, und auf diese Weise dem ersterem der Gehalt der Dinglichkeit ohne weiteres zuerteilt wird. Dabei wurde jedoch übersehen, daß sich die Bezeichnung „dingliches" Recht als ein selbständiger, von dem früher zugrunde liegenden des jus reale unabhängiger Begriff ausgestaltet und abgesondert hat. Daß sich dabei in den weiteren Schlußfolgerungen der Autoren manchmal Schwierigkeiten und Widersprüche ergeben haben, nimmt somit kein Wunder. Die von den Begriffen „dinglich" und „real" umfaßten Rechtsgebilde sind zeichnerisch durch zwei Kreise darzustellen, die sich nicht decken, sei es, daß sich die Kreise schneiden oder der Kreis mit größerem Radius den mit kleinerem enthält.

Um noch einmal kurz zu rekapitulieren, deuteten wir im einleitenden Kapitel an, daß die Definitionen der beiden Ausdrücke „real" und „dinglich" von zwei absolut entgegengesetzten Gesichtspunkten auszugehen haben. Beiden Begriffen gemeinsam ist das sachliche Substrat. Im ersteren Falle liegt dieses aber auf der Aktivseite des als real bezeichneten Rechts. Die Sache ist das vermittelnde Glied zwischen dem Träger des Rechts und dem Recht selbst; nicht die Person als solche ist aus dem Recht berechtigt, sondern die Person in irgendeiner rechtlichen Beziehung zu einer Sache. Beim dinglichen Recht dagegen ist die Sache der Herrschaft des Berechtigten unterworfen; sie ist Gegenstand, Objekt des Rechts.[56]) Von einer Gleichstellung der realen und dinglichen Rechte kann also überhaupt keine Rede sein.

b) Die Systematisierung der Rechte im allgemeinen ist, wie bereits oben im ersten Kapitel angedeutet, in der Literatur nach zweierlei Ge-

---

[55]) BlfRA. Bd. XIII S. 1 ff.

[56]) Ohne unsererseits die Anwendung der von Reyscher, ZDRW. Bd. V, 53 angeführten Bezeichnung auf die vorliegenden Verhältnisse empfehlen zu wollen, könnte man die Realrechte, wenigstens soweit es sich um radizierte handelt, wegen ihrer eigenartigen Beziehung zum sachlichen Substrat als subjektiv-dinglich, die gewöhnlich nur dinglich genannten Rechte dagegen genauer als objektiv-dingliche Rechte bezeichnen, so sagt z. B. auch Dernburg a. a. O. Bd. III (1908) S. 235 zu den subjektiv dinglichen Rechten, die dem jeweiligen Eigentümer eines Grundstücks zustehen, gehören u. a. die ausschließlichen Gewerbeberechtigungen.

sichtspunkten üblich, nämlich einmal nach der Art des Rechtsobjektes und dann nach dem Umfang des Herrschaftsgebietes, über das das Recht sich erstreckt. Vom ersteren Gesichtspunkt aus gelangt man zu der Unterscheidung zwischen Rechten auf Sachen und Rechten auf menschliches Verhalten, je nachdem dem Rechtssubjekt eine res als Rechtsobjekt gegenübersteht oder nicht. Bezeichnet man die ersteren als dingliche Rechte, so sind die Realgewerbegerechtigkeiten, da ihnen das sachliche Substrat fehlt, und sie eine Herrschaft über eine Sache nicht begründen, zweifellos nicht als dinglich anzusprechen, mit anderen Worten, sie entbehren der dinglichen Qualität.

Die Betrachtung nach dem Umfang des Herrschaftsgebietes führt zu Rechten, denen die Allgemeinheit als verpflichtet gegenübersteht und solchen, die nur die Verbindlichkeit einer bestimmten Person oder einer bestimmten Mehrheit von Personen zum Gegenstand haben. Faßt man hier wiederum die ersteren als dingliche Rechte auf, so wäre es, um mit Schmid[57]) zu sprechen, bedenklich, die dingliche Natur für die Realgewerbegerechtigkeiten abzulehnen. Vom Standpunkt der heutigen Lehre ist dieses Bedenken aber ohne Bedeutung, da nach ihr für die angedeutete Unterscheidung der Rechte die Ausdrücke „dingliche" und „obligatorische" Rechte abgelehnt werden und an ihrer Stelle vielmehr die Bezeichnung „absolute" und „relative" Rechte gebraucht wird.

c) Es existiert noch eine weitere Ansicht, die wir der Vollständigkeit halber nicht unerwähnt lassen wollen, nämlich die, daß wenigstens die radizierten Realgewerbegerechtigkeiten als dingliche anzusehen sind. Hierzu ist dasselbe zu sagen, wie zu dem Begriff der Realrechte überhaupt: Das reale Recht trägt begrifflich notwendig nichts von der Eigenart des dinglichen Rechts an sich, die radizierte Eigenschaft eines Rechts bedeutet vielmehr nur, daß das sachliche Substrat auf der Aktivseite eine res (immobilis) ist.

II. Als Ergebnis der unmittelbar vorangegangenen Untersuchung ist bei Zugrundelegung der eingangs festgelegten Terminologie daran festzuhalten:

1. Die unter a erwähnte einfache Uebersetzung des Ausdruckes „real" durch „dinglich" ist unbedingt abzulehnen, da der Begriff der Dinglichkeit ein unabhängig von dem des jus reale ausgestaltetes Rechtsgebilde unseres heutigen Rechts ist und sich auch begrifflich, wie gezeigt, in keiner Weise mit dem realen Recht deckt.

2. Die Unterscheidung der Rechte nach dem Rechts-Objekt in dingliche und obligatorische Rechte läßt eine Subsummierung der Real-

---

[57]) Schmid in ArchZivPrax. 44, 10: „Halten wir diese, das Wesen der dinglichen und obligatorischen Verhältnisse tiefer ergreifende Unterscheidung fest, so müssen wir doch wieder Bedenken tragen, die Gewerbeberechtigungen als obligatorische Verhältnisse zu betrachten, da bei ihnen nicht Rechte und Verbindlichkeiten individuell bestimmter Personen einander gegenüberstehen. Denn die Verpflichtung derjenigen, welchen das Privilegium nicht zusteht, ist ja eine ganz allgemeine, die durch die Gesetze über die Gewerbebeschränkungen begründet ist, und hat keine notwendige Beziehung auf die Person des Gewerbeberechtigten."

gewerbegerechtigkeiten unter die ersteren nicht zu, da bei ihnen das sachliche Substrat auf der passiven Seite des Rechts fehlt; die Berechtigung aus dem Recht erstreckt sich nicht auf eine Sache.

3. Die Unterscheidung nach den Gesichtspunkten des dem Recht unterworfenen Herrschaftsgebietes führt nach der geltenden Rechtsauffassung nicht zu einer Gegenüberstellung von dinglichen und obligatorischen Rechten, kann also zur Beurteilung, ob die Realgewerbegerechtigkeiten dinglicher Natur sind oder nicht, gar nicht herangezogen werden.

4. Begrifflich notwendig für die Dinglichkeit ist einmal das sachliche Element auf der passiven Seite des Rechts und dann die absolute Wirkung des Rechts gegen jeden Dritten; und nur das letztere Charakteristikum haben, wie vorweg bemerkt sei, die Realgewerbegerechtigkeiten mit den dinglichen Rechten gemeinsam.

III. Ebenso reichhaltig wie die Literatur über die Realgewerbegerechtigkeiten überhaupt sind die Meinungsverschiedenheiten über die Dinglichkeit oder Nichtdinglichkeit derselben. Und zwar sprechen die meisten der älteren Schriftsteller sich für die dingliche Qualität der Realgewerbegerechtigkeiten aus.

Roth[58]) erblickt den Unterschied der Real- und der Personalgewerbegerechtigkeiten in der Dinglichkeit der ersteren. Sie tritt nach seiner Auffassung in der Verpachtungs- und Veräußerungsmöglichkeit des Rechts und schließlich darin zutage, daß die Realgewerbegerechtigkeiten als Hypotheken-Objekt gelten. Alle drei für ihn entscheidenden Momente rechtfertigen aber nicht seine Folgerung. Die Möglichkeit des Verpachtens und der Veräußerung ergibt sich nicht daraus, daß bei diesem Rechte eine Sache der Gegenstand des Rechts ist, sondern vielmehr aus der rechtlichen Beziehung des berechtigten Rechtssubjekts zu der das Gewerberecht vermittelnden Sache; z. B. deswegen, weil der A Eigentümer des Grundstücks b ist, mit dem die Gewerbeberechtigung verknüpft ist, deswegen kann er das Gewerberecht wie die Sache selbst verpachten, kann es veräußern.

Was schließlich die Fähigkeit anbetrifft, als Hypotheken-Objekt zu gelten, ist zu bemerken, daß eben nicht der Gegenstand des Gewerberechts, sondern die das Gewerberecht vermittelnde Sache den Gegenstand der Belastung bilden kann.

Soweit es sich dabei um Realgewerbegerechtigkeiten im engeren Sinn, also um die einfachen realen Gewerberechte handelt, werden diese als selbständige Gerechtigkeiten von der Gesetzgebung selbst als Immobilien aufgefaßt und unterliegt ihre rechtliche Behandlung im wesentlichen den gleichen gesetzlichen Vorschriften wie die der Grundstücke.[58a])
Sie können also wie diese veräußert und verpachtet werden, sie können

---

[58]) Roth a. a. O. 1898 S. 299.

[58a]) S. oben S. 17 die Ausführungen über „selbständige Gerechtigkeiten".

auch Gegenstand eines Hypothekenrechts sein, in welchem Fall für sie auch ein besonderes Grundbuchblatt angelegt wird.[58b])

Becher[59]) unterscheidet bei der Beantwortung der Frage zwischen den radizierten und nichtradizierten Realgewerbegerechtigkeiten. Nur bei den letzteren spricht er sich für die dingliche Natur derselben aus. Nur die Realgewerbegerechtigkeiten im engeren Sinne, die nicht nur auf Seiten des Berechtigten vererblich und veräußerlich sind, sondern auch jederzeit vom Anwesen losgelöst bzw. „in einem anderen Anwesen ausgeübt" werden könnten, seien als selbständige dingliche Rechte aufzufassen und zwar deswegen, weil sie trotz dieser Mobilität doch auf der unbeweglichen Sache — er geht nämlich von der Definition des Realgewerberechts als des Rechts auf den Betrieb eines bestimmten Gewerbes in einem Anwesen aus — lasten und daher als dingliche Rechte an dieser zu erachten sind. Wir können dieser Auffassung nur immer wieder entgegenhalten, daß bei dem Realgewerberecht das Recht gar nicht auf der Sache lastet, die Sache vielmehr auf der Ursprungsseite des Gewerberechtes gelegen ist. Die Realgewerbegerechtigkeiten im engeren Sinne wären dingliche Rechte, wenn sie eine Herrschaft über eine andere Sache begründen würden. Das ist aber nicht der Fall. — Für die radizierten Realgewerbegerechtigkeiten lehnt Becher die Annahme der Dinglichkeit wegen ihrer unselbständigen Natur und ferner wegen der angeblichen stets erforderlichen gewerbepolizeilichen Bewilligung und der Abhängigkeit von der Bedürfnisfrage ab. Das sind aber alles Momente, die bei der Entscheidung der Frage, ob dinglich oder nicht, mehr oder weniger nebensächlich sind; außerdem wird mit Recht darauf hingewiesen, daß bei den radizierten Realgewerbegerechtigkeiten die gewerbepolizeiliche Bewilligung nicht versagt werden darf,[60]) und daß, wie er selbst später ausführt, die Prüfung der Lokalfrage bei der Entscheidung über die Bewilligung sich lediglich auf die Beschaffenheit des Lokals erstreckt.

Schon schwankend in seiner Stellungnahme ist Rehm,[61]) welcher glaubt, daß zwar die Versuchung naheliegt, die Realgewerbegerechtigkeiten als dingliche Rechte zu bezeichnen, man könne aber aus der Fiktion, als sei das Gewerbe eine res, nicht auf die Dinglichkeit des mit dem Gewerbe verbundenen Rechts schließen. Wir können dem nur beistimmen, da nach unseren mehrfachen Ausführungen nur das Vorliegen des sachlichen Substrats auf der passiven Seite des Rechts die

---

[58b]) Siehe Roth, Bayrisches Zivilrecht 1872 §§ 110, 118; Oertmann a. a. O. S. 298.

[59]) Becher a. a. O. S. 1083—1085.

[60]) Landmann a. a. O. S. 399 ff.

[61]) Rehm a. a. O. S. 37 ff.: „Wenn auch die Versuchung naheliegt, in Anlehnung an das Wort selbst das Wesen der Realgewerbe dahin anzugeben, daß man sagt, das Charakteristikum des Realgewerberechts sei darin zu finden, daß hier das Gewerbe als eine res, die Gewerbeberechtigung somit als dingliches Recht erscheine, und man könnte geneigt sein, als erste Folgerung aus dieser Ansicht den Satz aufzustellen, Entstehung und Endigung dieser Rechte regele sich nach den Normen über Beginn und Ende des Eigentumes, so geht man doch . . . nicht fehl, wenn man die rechtliche Bedeutung der Realgewerbsgerechtsame in einer anderen Richtung sucht . . .

dingliche Qualität des letzteren begründen kann. In einer Verbindung und Ergänzung dieser Auffassung mit der Oertmannschen,[62]) der die dingliche Qualität der Realgewerbegerechtigkeiten entschieden ablehnt, beruht im wesentlichen die nachstehend gegebene Konstruktion der rechtlichen Natur der Realgewerbegerechtigkeiten. Die Realität der Realgewerbegerechtigkeiten ist eben nicht Dinglichkeit im strengen Sinne des Worts.

IV. Was bedeutet nun aber das Präfix „real" in der Wortfügung „Realgewerbegerechtigkeit"? Nichts anderes, wie wir bereits ausgeführt haben, als daß es sich um Rechte handelt, bei denen die Ausübungsbefugnis dem Berechtigten durch eine res vermittelt wird. Durch irgendeine rechtliche Beziehung des Rechtssubjekts zu einer Sache ist ersteres zur Ausübung des Rechts berechtigt. Ohne weiteres läßt sich das verstehen bei den radizierten Realgewerbegerechtigkeiten: Der Inhaber (Eigentümer, Pächter, Nießbraucher rc.) eines Grundstücks ist ipso jure der Berechtigte des mit dem Grundstück verbundenen Gewerberechts wie z. B. bei der Schankgerechtigkeit. Aufzuklären bleibt aber noch die Frage, wie diese Auffassung auf die Realgewerbegerechtigkeiten im engeren Sinn anzuwenden ist. Denn Tatsache ist, daß eine res im körperlichen Sinn bei diesen nicht das bindende Glied zwischen Recht und Berechtigten bildet.[63])

Die einzig richtige Methode, dieses geheimnisvolle Dunkel zu lichten, ist die historische Untersuchung. In Anlehnung an die eingangs gegebene geschichtliche Darlegung kann zunächst nur eine negative Feststellung gemacht werden: Die Realgewerbegerechtigkeiten im engeren Sinn heißen deshalb so, weil sie keine personalen waren. Der Bruch mit dem alten Rechtssprichwort: „Kunst erbt nicht", die Loslösung der Gewerbeberechtigung von der Person des Berechtigten hatte die Schöpfung der Realgewerbegerechtigkeiten im engeren Sinn zur Folge. „Real" ist ursprünglich also nichts weiter als der Gegensatz von „personal".

Die Verleihung einer persönlichen Gewerbeberechtigung an ein Rechtssubjekt bedeutet, daß das betreffende Rechtssubjekt mit der ganz besonderen Eigenschaft versehen und von der Rechtsordnung geschützt wird, gewerblich tätig zu sein. Die Quelle der Gewerbeberechtigung ist in das Rechtssubjekt selbst gelegt. Dieses erscheint als mit einer besonderen rechtlichen Qualität ausgestattet.

Die Verwandlung der Personalität in Realität der Gewerbegerechtigkeiten bedeutet, daß die Quelle der Gewerbeberechtigung aus der

---

[62]) Oertmann a. a. O. § 115.

[63]) Der Weg, den Becher vorschlägt mit seiner Definition: „unter realer Gewerbeberechtigung ist das Recht auf Gewerbebetrieb in einem bestimmten Hause zu verstehen; sie ist solche im engeren Sinne, wenn sich das Recht an eine Person knüpft; radiziert, wenn sie dem jeweiligen Eigentümer eines Grundstücks zur Ausübung zusteht", ist nicht geeignet, da einmal die klaren Tatsachen der historischen Entwicklung entgegenstehen und andererseits sich dadurch auch die Bezeichnung Realgewerbegerechtigkeiten für erstere nicht erklären läßt, s. a. a. O. S. 462 Anm. 35.

Person des Berechtigten hinaus verlegt ist, sie fließt nicht mehr aus der besonderen rechtlichen Qualität eines Rechtssubjektes.

Die rechtlich geschützte Ausübung eines Gewerbes war in der Zeit der Gebundenheit der Gewerbe ein kostbares wirtschaftliches Gut, ein wertvoller Vermögensbestandteil. Durch die reine Personalität der Gewerberechte ergab sich nun der Mißstand, daß das von einem Gewerbetreibenden durch langjährigen Gewerbebetrieb geschaffene wertvolle privatwirtschaftliche Gebäude mit dem Tod des Berechtigten zusammenbrach und insbesondere auch für die Erben des Gewerbetreibenden verloren ging.

Es folgte daraus die Notwendigkeit, dieses wirtschaftliche Gut des Gewerbebetriebes dem Volksvermögen überhaupt und insbesondere dem Rechtsnachfolger des Berechtigten zu erhalten; dies geschah dadurch, daß die rechtliche Beziehung des Gewerberechtsinhabers zu seinem Gewerbebetrieb entsprechend denen geregelt wurde, die zwischen einem Rechtssubjekt und anderen Vermögensgütern, insbesondere den Sachgütern, bestehen. Mit anderen Worten: Die gewerbliche Tätigkeit könnte nach Analogie einer res zum Gegenstand privatrechtlicher Herrschaft werden. Das hätte die volkswirtschaftlich bedeutsame Folge, daß die Gewerberechte dauernden Charakter erhielten und von dem Wechsel der Rechtssubjekte unberührt blieben. Der bedeutsame Unterschied der Realität im Gegensatz zu der Personalität des Gewerberechts liegt also nicht in der Dinglichkeit des Rechts, sondern in der Erhaltung des Rechts trotz Wechsels der berechtigten Rechtssubjekte.[64])

Diese Umwandlung hat sich meistenteils durch bloßes Herkommen vollzogen.[65])

Ungefähr den gleichen Gedanken bringt auch Rehm[66]) zum Ausdruck: „Man geht also nicht fehl, wenn man die rechtliche Bedeutung der Realgewerbegerechtigkeiten in anderer Richtung sucht, um auf diese Weise den Begriff zu haben, welcher den Gegensatz zur Realgewerbegerechtigkeit bildet, nämlich das persönliche Gewerbe.“

Diese Gegensätzlichkeit gegenüber dem Personalgewerbe liegt seiner Ansicht nach in der Eigentumsähnlichkeit der Realgewerbegerechtigkeit im engeren Sinn mit den damit verbundenen privat- und öffentlich-rechtlichen Folgen, ebenso mit der weiteren Folge, daß der Bestand der Realgewerbegerechtigkeiten von dem Wechsel der Rechtssubjekte nicht berührt wird. Wir haben gesehen, daß es aber nicht notwendig ist, wie Rehm es tut, zur Erklärung noch zum Hilfsmittel der Analogie, zur „Eigentumsähnlichkeit“ zu greifen.

Die mit absoluter Wirkung ausgestatteten, zu Gegenständen körperlicher und unkörperlicher Natur in Beziehung stehenden Rechte kann man mit einem weiteren Begriff als „Gegenstandsrechte“ bezeichnen.

---

[64]) a. M. Roth u. a. s. a. a. O. 1898 S. 299 Realgewerbe unterscheiden sich von den übrigen durch ihre Dinglichkeit (Gewerbegesetz vom Jahre 1868 Art. 7).

[65]) Kreittmayr, Anm. g zu LR. V, 26, 2; Maurenbrecher, PR. § 351, 4; Roth a. a. O. 1898 S. 300; BlfRA. XIII, 170.

[66]) Rehm a. a. O. S. 38.

Zu den Gegenstandsrechten der letzteren Art sind die Realgewerbegerechtigkeiten im engeren Sinne zu rechnen; denn erstens war die Ausgestaltung der rechtlichen Herrschaft vollständig ausreichend, um eine absolute Wirkung zu erzielen und zweitens erschien es gewiß als berechtigt, das kostbare wirtschaftliche Gut ungestörter gewerblicher Tätigkeit in der Zeit völliger Gebundenheit des Gewerbebetriebes der Zahl der unkörperlichen Vermögensgüter dem Begriff der unkörperlichen Gegenstände des Rechtslebens einzureihen. Daß in letzterer Hinsicht die Bedeutung der Realgewerbegerechtigkeiten durch die später eingetretene Gewerbefreiheit wesentlich abgenommen hat,[67]) ist unwesentlich, da die Realgewerbegerechtigkeiten in der Zeit völliger Gebundenheit der Gewerbe geschaffen und von der Gesetzgebung der folgenden Zeit ohne Unterbrechung im alten Rechtsbestand aufrecht erhalten wurden.[68])

Daß übrigens auch die Gesetzgebung von ähnlichen Erwägungen ausgegangen ist und somit die vorstehenden Ausführungen positive Bestätigung gefunden haben, beweist die rechtliche Behandlung dieser Realgewerberechte, indem dieselben, wie bereits mehrfach erwähnt, als „selbständige Gerechtigkeiten" bezeichnet und somit den Immobilien gleichgeachtet, also mit sachlicher, „gegenstandlicher" Qualität versehen werden.

Durch die vorstehende Untersuchung gelangen wir also zu dem Ergebnis: Die Realgewerbegerechtigkeiten sind absolute Gegenstandsrechte.

Viertes Kapitel.

Die Ergebnisse unserer Untersuchung und die Rechtsprechung der bayerischen Gerichte.

Die Ergebnisse unserer Untersuchung scheinen mit der Gesetzgebung Bayerns im Widerspruch zu stehen, da dieselben seit dem Jahre 1825 von den Realrechten als von „dinglichen" Rechten sprechen. Dieser Widerspruch ist aber nur ein scheinbarer. Wenn die Gesetze die Realrechte als „dingliche" Rechte bezeichnen, so meinen sie nur, daß dieselben wie dingliche Rechte zu behandeln sind, und das wird ja von uns in keiner Weise bestritten.

Im Gegenteil; wenn wir das Ergebnis unserer Untersuchung in Parallele stellen zu den Definitionen der Rechtsprechung der bayerischen

---

[67]) Becher a. a. O. S. 1083.

[68]) Roth a. a. O. 1898 S. 107 ff.: „auch die Reichsgewerbeordnung §§ 10 und 48 hat den Fortbestand der bestehenden Realgewerbeberechtigungen anerkannt." Der Vorzug der realen gegenüber den gewöhnlichen Gewerbegerechtigkeiten äußert sich besonders darin, daß bei den letzteren die Konzession eine conditio sine qua non für die Ausübung des Gewerbes ist, während bei den Realgewerbegerechtigkeiten die Bewilligung nicht verweigert werden kann. Unwesentlich ist dabei, daß nach § 48 RGewO. allerdings auch bei den realen Gewerbegerechtigkeiten der Nachweis der Befähigung verlangt wird. Das reale Gewerberecht bewährt seine Bedeutung also auf den dem Konzessionszwang unterworfenen Gebieten, s. Oertmann a. a. O. S. 500.

höchsten Gerichte, so finden wir, daß dieselben im Grunde auf das nämliche hinauskommen.

So hat das Oberste Landesgericht in mehreren Entscheidungen die radizierten Rechte als gesetzliches Zubehör des zum Betriebe des Gewerbes bestimmten Grundstücks bezeichnet.[69])

Das steht mit unserer Ansicht keineswegs im Widerspruch. So gut ein dingliches Recht eine Pertinenz sein kann, kann es natürlich auch ein Gegenstandsrecht sein.

Der Verwaltungsgerichtshof hat in einer grundlegenden Enscheidung[70]) ausgesprochen, die Realrechte seien affirmative Realprivilegien. Demgemäß hat die Rechtsprechung, übrigens im Einklang mit der Literatur den Satz ausgesprochen, das Erlöschen der Realrechte sei nach den Grundsätzen über Extinktivverjährung der Privilegien zu beurteilen:[71]) Auch dies ist mit unserer Auffassung vereinbar. Wenn das Realrecht ein Privileg ist, so ist damit nur über seine Entstehung etwas ausgesagt, nichts aber über sein Wesen und seine rechtliche Natur.

Es erübrigt sich somit eine Auseinandersetzung mit der Rechtsprechung, um so mehr als jedes Gegenstandsrecht wie ein dingliches Recht behandelt werden kann, und die bayerische Praxis daher stets den richtigen Weg gegangen ist, wenn sie die Realrechte wie dingliche Rechte behandelt hat.

---

[69]) S. Entscheidungen Bd. I S. 515.
[70]) S. Entscheidungen Bd. XI S. 1 ff.
[71]) v. Landmann, Kommentar Bd. I S. 121; Wassermann a. a. O.

FSC
www.fsc.org
MIX
Papier | Fördert
gute Waldnutzung
FSC® C083411

Kolibri 360 GmbH
Ferdinand-Jühlke-Straße 7
99095 Erfurt, Deutschland
produktsicherheit@kolibri360.de